策略投资

从方法论到进化论

戴康 郑恺 韦冀星 倪赓 ◎ 等著

STRATEGIC
INVESTMENT

理解策略之"道"，万变不离其宗。本书从策略研究框架的迭代出发，思考A股投资环境"变化"带来的策略研究"进化"，沿着大势研判、风格配置、行业比较、新兴产业、选股策略等方向，展开从基础到进阶全面的策略研究，是作者十余年策略研究的思考成果与总结。

　　本书具有以下几个特点：其一，与回顾历史、复盘股市的书籍不同，本书更希望能提供多年沉淀下来的万变不离其宗的策略研究框架，化繁为简；其二，与年代较为久远的方法论不同，本书更希望能提供近年来A股新生态进化与迭代的思考，立于浪尖；其三，作者力求避免陷入"宏大叙事，不接地气"的怪圈，在书中运用了大量实例，以实践检验真理，充分体现了公众号"戴康的策略世界"的宗旨——致力于最前瞻与最接地气的策略研究。

图书在版编目（CIP）数据

策略投资：从方法论到进化论 / 戴康等著 . —北京：机械工业出版社，2023.6
（2024.1 重印）

ISBN 978-7-111-73159-7

Ⅰ. ①策⋯　Ⅱ. ①戴⋯　Ⅲ. ①投资分析　Ⅳ. ① F830.593

中国国家版本馆 CIP 数据核字（2023）第 082554 号

机械工业出版社（北京市西城区百万庄大街 22 号　邮政编码 100037）
策划编辑：张竞余　　　　　　责任编辑：张竞余　刘新艳
责任校对：郑　婕　王明欣　　责任印制：单爱军
北京联兴盛业印刷股份有限公司印刷
2024 年 1 月第 1 版第 3 次印刷
170mm×230mm・14.75 印张・144 千字
标准书号：ISBN 978-7-111-73159-7
定价：79.00 元

电话服务　　　　　　　　　网络服务
客服电话：010-88361066　　机　工　官　网：www.cmpbook.com
　　　　　010-88379833　　机　工　官　博：weibo.com/cmp1952
　　　　　010-68326294　　金　书　网：www.golden-book.com
封底无防伪标均为盗版　　　机工教育服务网：www.cmpedu.com

| 推荐序 |

万变不离其宗
——理解策略之"道"

科学与艺术的融合

策略研究是投研体系中一块兼顾科学与艺术的领域。策略的"科学"之处在于经过数十年的沉淀,市场上的策略研究已经存在一套较为完善的体系,例如在经典的金融学贴现率模型的基础上融入多项跟踪和观测指标,研究看似"有形";而说策略又是"艺术"的,是因为策略的研究视角介于宏观经济与微观企业之间,宏观和微观研究可以使投资者对基本面有较好的把握,但不同时代背景下,投资者对于估值的研判则属于策略领域中偏"艺术"的部分，研究又看似"无形"。如何在"科学"与"艺术"当中，领悟策略研究的真谛？本书作者戴康将13年的策略研究经验化繁为简，转化在这本书中。

首先，本书用一个有条理的框架将策略研究的方法论进行了贴近实战的展示。书中基于盈利分析、流动性分析、风险偏好分析形成大势研判，对经典的股利贴现模型（DDM）包含的各变量进行阐述，让看似晦涩的指标与市场案例结合，从而变得灵动，并辅以风格研判和行业比较来最终形成投资决策的落地。因此，这对于任何一位有兴趣搭建股市投资框架的读者来说，都是一本较为实用的论述方法论的书。

其次，本书作者长期深耕投资策略研究，对策略投资的艺术性有深切的体悟。随着中国经济的发展，股票市场在直接融资市场和居民财富管理当中的定位也在发生变化，投资者结构发生系统性变迁，因此传统的策略投资思维必须随之迭代，这就是本书所阐述的"进化论"的意义。戴康所带领的广发证券策略团队不断打磨和完善策略思维，将理论与实战结合，从2018年的A股"进化论"、2019年的A股"进化论2.0"到2019～2021年的"金融供给侧慢牛"，探索从未止步。

从方法论到进化论，新时代再启程

金融是现代经济的核心，资本市场在金融运行中具有牵一发而动全身的重要地位。我推荐此书，是希望本书在新时代中国经济结构转型及金融体制不断变革之际，能够引发我们对中国资本市场更深的思考，并给予有益的启示。

站在新时代的背景下理解策略思维的与时俱进，在当今产业重构、科技革命带来产业重塑，注册制改革带来价值重估的大背景下，只有甄别与理解这些变化的影响，才能深刻领悟中国资本市场在经济转型中需要背负的使命。本书在战略性新兴产业的部分有明显着墨，基于产业生命周期理论和策略主题投资范式，阐述了自主可控安全主题、"碳中和"背景下的绿色经济、中国优势高端制造等行业的投资思路，有助于读者抓住时代机遇、把握产业红利、挖掘优势赛道的投资机遇。

证券行业长期深耕产业链研究，对宏观形势、产业政策、科技前沿、产品创新、企业经营等研究具有独特的视角，特别是在资产定价方面有较好的感悟。作为资本市场的重要参与者，广发证券在卖方研究领域已建立良好的市场声誉。新时代背景下我们将以更细致的工作去辨析 A 股市场环境的变革，并与投资者们一起甄别变化，适应进化。鉴于此，我们希望本书能够为 A 股的投研人士以及对投资感兴趣的读者，带来对于中国资本市场更深的思考和有益的启示。

广发证券董事长　林传辉
2023 年 5 月于广州

前　言

策略的价值与未来：守正与进化

近年来关于策略研究价值的辨析越来越多，作为13年来一直在策略研究领域埋头探究的分析师，一方面，我认为始终保持开放的心态看待市场的变化是非常有必要的，这有助于提醒分析师或投资者完善策略研究框架，避免陷入"宏大叙事，不接地气"的怪圈；另一方面，策略分析师亦完全不必妄自菲薄，在我的策略研究框架成形后，除了2018年我感到是充满挑战的一年，其余年份的市场风云变幻都是成熟的策略研究框架能够大体驾驭或应对的。

理解策略之"道"，万变不离其宗，在全球股市的历史长河中，成熟的策略研究框架从未发生重大变革，关键在于运用。就在前不久，有人问我如何看待"策略研究的价值与未来"，我想起2014年初被问过同样的问题，当时Wind全A指数经历了2010～2013年的漫长窄幅波动，不久之后就出现了策略研究β价值展现得淋漓尽致的大牛市。

在机构投资者眼中，我可能是最擅长大势研判的策略分析师。2014～2015年的"贴现率牛市"、2016年8月的"供给侧慢牛"、2016年11月的"盈利牵牛"、2018年4月的"折返跑"、2019年3月的"金融供给侧慢牛"、2021年2月的"微观结构恶化"、2021年12月的"慎思笃行"、2022年11月的港股"天亮了"，大势研判能更简洁直观地给投资者指引大方向。随着A股步入大分化格局，点位的预测价值被削弱，对于全新市场生态的理解与思考更为重要。广发证券策略团队是最早意识到A股投资需要进化迭代的重要性的团队，我们在2018年推出A股"进化论"系列报告的初衷，就是有感于A股生态与规则发生转变，墨守成规会举步维艰，需要拥抱新生态，融入新均衡，打造新方法。

我们曾经在2019年写过一篇报告《A股进化，中国优势企业胜于易胜》，指出"近几年α重要性上升，β重要性下降"。但是策略研究的最大价值永远应该是研究好β，只要是β，就没有不重要的，关键是如何认识β，不同阶段的β是与时俱进的，比如贴现率可以是β，生态变迁可以是β，产业趋势可以是β，并非仅有点位预测和经济周期是β。2014～2015年分母端贴现率

（无风险利率与风险偏好）可以成为最大的 β，2016～2017 年分子端（企业盈利水平）可以成为最大的 β，2018 年我们在"新生态，新均衡，新方法——A 股'进化论'"系列的十篇报告中判断 A 股市场生态的变迁应该成为投资者最重视的 β，这皆是策略研究可以展望的。

策略研究从中外宏观背景、市场参与者、交易因子等多个层面理解 A 股已经及即将发生的巨大变迁：①A 股日益融入全球资本市场，因此市值、业绩、估值、股息、事件因子对股价的影响权重有所改变；②党的十九大正式提出"高质量发展"以来，新经济政策回暖，优质新经济的回归将使 A 股成长股估值体系面临重构，从国际分工视野寻找中国创新体系构建的定位，A 股策略研究需要再度跳出原有框架。我们探寻"进化论"，投资者适者生存。

我们在 A 股"进化论"系列报告中的部分策略研究思考如下：①大分化。A 股迎来大分化格局，绩优股的牛市仍在进行，绩劣股熊市愈演愈烈。②新经济。"高质量发展"引领新一轮科创周期开启，在中美贸易摩擦升级的背景下，中国自主可控成为破局利器。③全球化。A 股融入全球市场步伐加快，海外对 A 股边际影响上升。④以龙为首。A 股龙头公司将从"确定性溢价"走向"估值溢价"。⑤重估成长。A 股优质成长供给增加，重构 A 股成长股估值体系……这一系列对于 A 股生态变化的前瞻思考，在近几年 A 股投资的理解与演绎中，都是具有参考价值的。

策略的沉淀与思考：如何更贴近投资

（1）化繁为简：策略本质是股利贴现模型（DDM），核心理论是"预期差"。策略研判的本质是识别特定时段的主导变量＋把握市场对主导变量的预期差。策略思维需要化繁为简，市场的驱动变量繁多，核心是DDM三要素：①企业盈利水平；②无风险利率；③风险偏好。

（2）辨识矛盾：时代背景切换会使DDM的驱动力变迁。策略无法"固守成规"，需要甄别"信号与噪声"。策略框架的根基是DDM，理论基础是"预期差"理论，难点在于甄别纷扰的变量，抓住"信号"，剔除"噪声"。有些变量是短期的，以不变应万变不失为良策；而有些变量却是生态性的，甄别与理解这些变量变化的影响，方能在A股背景演变的浪潮中立足浪尖。

不同时期，市场定价的核心矛盾是在分子端的"企业盈利水平"，还是分母端的"贴现率"？驱动要素一直在转变。2003～2012年A股策略的关键词是"美林投资时钟"，DDM三要素中对股价的核心驱动要素是企业盈利水平。2013～2015年A股牛市时，A股策略的关键词是"水牛"，DDM三要素中对股价的核心驱动要素是无风险利率。2016～2018年，随着中外经济、政治格局的演变，A股策略的关键词是"供给侧结构性改革，以龙为首"，DDM三要素中对股价的核心驱动要素为企业盈利水平与风险偏好。2019～2022年，A股策略的关键词是"金融供给侧结构性改革，美联储泡沫"，DDM三要素中对股价的核心驱动要素再次回到无风险利率。

（3）框架迭代：从传统"美林投资时钟"框架，到更加重视估值的力量。策略的迭代是市场生态演进的必然结果，我们的探索从2018年的A股"进化论"、2019年的A股"进化论2.0"到2019～2021年的"金融供给侧慢牛"，从未止步。我们在2018年推出A股"进化论"系列报告，希望拥抱新生态，融入新均衡，打造新方法。

回顾宏观背景、交易者结构与资本市场制度变革的共同作用，2016～2018年A股进化至1.0时代。2016～2018年供给侧结构性改革主要着力于实体端，在实体端带来了所有制、产业链及行业内部"三大分化"，而交易者结构与资本市场变革也带来不可逆的深远影响。A股映射生态演变，大市值与小市值、绩优股与绩劣股的相对表现与所有制分化、行业内部竞争格局分化相呼应，消费行业与周期行业的相对表现与产业链分化相呼应。

2019年金融供给侧结构性改革引领A股进化至2.0时代。金融供给侧结构性改革引导"市场在资源配置中起决定性作用"，让金融资源流向更有效率的领域。这会带来流动性分层、投资者对盈利的偏好分层、风险定价体系的分层，推动投资思维向存量思维与α思维转变，A股进一步迎来进化。

（4）融会贯通：如何做更贴近投资的策略研究？本书探讨如何在实战中做更贴近投资的策略研究，我们旨在做出四点融合与创新：①融汇 DDM 要素，构建微观结构指标；②突破行业划分，重建新兴赛道体系；③跳脱景气度比较，聚焦产业趋势；④响应投资需求，下沉选股策略。

本书第 1 章向读者介绍了策略研究框架核心——股利贴现模型，并对这一模型中的三个核心定价变量逐一进行分析：企业盈利水平、无风险利率、风险偏好。然后对策略研究需要解决的两大核心问题做了概括性介绍：①大势研判（市场未来一段时间是涨是跌）；②行业比较（未来一段时间市场买什么）。

本书第 2 章试图将大势研判的过程拆分为 4 个维度，从而系统地向读者介绍大势研判的判断方法：①盈利框架，聚焦 DDM 分子端的业绩；②估值体系，聚焦 DDM 分母端估值；③底部框架，综合市场赔率与胜率变化情况识别底部区域；④微观结构，聚焦市场参与者的结构及其行为。

本书第 3 章从风格研判基本框架讲起，即景气度+信用+货币三因子分析方法结合"胜率 – 赔率"框架，以 2022 年初风格切换为案例进行讲解，便于读者理解。本章最后两节对风格研判框架进行延伸，详细分析了小盘成长与大盘价值两种风格占优的核心驱动因子。

本书第 4 章向读者完整地介绍了行业比较框架，其中"景气度预期"框架和产能周期框架是针对全行业比较的两个框架，"重构与衍生"是为新兴产业单独做的行业比较框架（包含产业行情驱动力与估值、景气度与渗透率和基金配置及资金情况三大维度)。在此基础上,我们对新兴产业比较框架中的渗透率视角做了详细展开。

本书第5章主要分析了策略研究中的又一重要领域——主题投资。我们分别以两个典型的大级别主题为案例:①自主可控安全主题,聚焦信创产业链和资源保供两条主线下的行业梳理;②"碳中和"主题,从清洁能源的生产、输送与应用三个角度挖掘投资热点。

本书第6章将视角进一步下沉,聚焦个股选择逻辑,即从策略视角精选具有投资价值的个股,介绍了四个较为典型的股票投资组合策略,供读者参考:① AH股折溢价策略;②北向资金指引;③高股息策略;④次新股选股模型。

本书具有以下几个特点:第一,与回顾历史、复盘股市的书籍不同,我们更希望能提供多年沉淀下来的万变不离其宗的策略研究框架,化繁为简;第二,与年代较为久远的方法论不同,我们更希望能提供近年来对A股新生态进化与迭代的思考,立于浪尖;第三,我们避免"笔下虽有千言,胸中实无一策",在书中结合了大量实例,充分体现了微信公众号"戴康的策略世界"的宗旨——致力于最前瞻与最接地气的策略研究。

本书是广发证券策略团队集体智慧的结晶,感谢参与撰写本书的所有成员:郑恺、曹柳龙、韦冀星、倪赓、李学伟、杨泽蓁、徐嘉奇、侯蕾。团队前成员俞一奇、陈伟斌贡献了精彩内容,本书由戴康统稿。敬畏市场永远是成熟投资者的座右铭,股市充满了不确定性，我们的研究难免有疏漏，请读者朋友多提意见。

戴康　CFA
广发证券首席策略分析师

| 目 录 |

推荐序

前言

第 1 章　策略思维：信号与噪声 / 1

    1.1　策略研究框架核心：股利贴现模型 / 2

    1.2　大势研判：核心驱动是业绩还是估值？预期差是什么 / 4

    1.3　行业比较：行业轮动的两重要义 / 11

    小结 / 16

第 2 章　大势研判：策略研究的发令枪 / 17

    2.1　盈利框架：周期与脉动 / 18

    2.2　估值体系：动态与静态 / 29

    2.3　底部框架：否极与泰来 / 38

2.4 微观结构：历史与影响 / 54
小结 / 69

第 3 章 风格研判：大势之下的风向标 / 70

3.1 风格研判：误区与本质 / 70
3.2 风格研判框架的实战检验：以 2022 年初的风格切换为例 / 86
3.3 小盘成长风格：短期占优的 7 大要素 / 90
3.4 大盘价值风格：绝对收益的 5 大区间 / 103
小结 / 113

第 4 章 行业比较：风格中心的指示牌 / 114

4.1 全行业比较框架一：景气度预期 / 115
4.2 全行业比较框架二：产能周期新视角 / 127
4.3 新兴产业比较框架：重构与衍生 / 136
4.4 新兴产业比较示例：渗透率框架精讲 / 146
小结 / 163

第 5 章 主题投资：行业遴选的提词器 / 164

5.1 自主可控安全主题 / 164
5.2 绿色主题："碳中和"主题投资愿景 / 175
小结 / 183

第 6 章 选股策略：选择背后的定音锤 / 184

6.1 AH 股折溢价：跨市场对资产价格的指引 / 185
6.2 北向资金：聪明钱的指引 / 193
6.3 高股息策略：何时该选择高股息策略 / 200
6.4 次新股：投资时钟与选股模型 / 211
小结 / 220

| 第 1 章 |

策略思维：信号与噪声

策略研究构建了自上而下、审时度势的研究视角，试图回答股市投资最本源的两个问题，即"方向与配置"。策略研究的优势是使投资者融会贯通，打通自宏观到中观产业，再到细分行业的研究思路；但劣势是很难使投资者面面俱到、样样精通，投资者既需要甄别市场在特定时期的"定价信号"，也需要摒弃影响市场的"无用噪声"。

把握信号，剔除噪声，策略研究聚焦解决两个问题：第一，市场在未来一段时间内是涨是跌？第二，未来一段时间内市场买什么？前者就是"大势研判"，后者就是"行业比较"。当然，除了大势研判和行业比较，策略研究还涉及风格研判、主题投资和选股策略，这样就构成了比较完整的体系。

在第 1 章，我们主要从策略研究框架的核心模型出发，来谈谈大势研判和行业比较的运用思路。至于风格研判、主题投资和选股策略，我们会在本书的后续章节详细展开。

1.1 策略研究框架核心：股利贴现模型

在目前的主流研究中，对于股价定价来说，比较通行的一个模型是"股利贴现模型"（Dividend Discount Model，下文简称 DDM）。事实上，股利贴现模型的决定变量非常复杂。但是策略研究思维的第一步就是"化繁为简"，也就是找到 DDM 中的三要素，它们分别是：企业盈利水平、无风险利率和风险偏好，如图 1-1 所示。

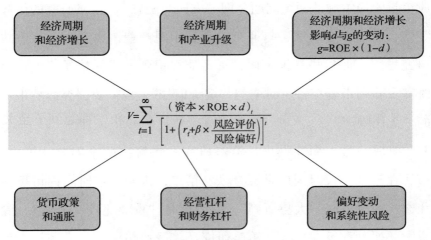

图 1-1　DDM 三要素及相关的影响变量

资料来源：Wind，广发证券策略团队。

模型的实际运用并不容易，策略研究思维的核心理论是"预期差"理论，它分为两个步骤：第一步是识别特定时段的主导变量，第二步是把握市场对于该主导变量的预期差。不同时期，市场定价的主导变量不同，需要判断它到底是在DDM的分子端（主要是指企业盈利水平，对企业盈利水平可能产生影响的变量包括经济增长水平、产业升级情况等），还是在模型的分母端（主要是指无风险利率和风险偏好，与之相关的变量包括货币政策、通胀水平、风险偏好等）。主导变量一直在转变，投资者需要对策略框架进行迭代与思考。

举例来说，在2012年之前的传统策略研究体系中，股市是经济（企业盈利水平）的晴雨表，基本上，投资者对于基本面的判断就是市场辨析的主要矛盾。但是，2013年之后，投资者开始转换思考模式。我们可以看到，2014～2015年经济不佳并不等于股市走熊，市场越来越重视估值的力量。估值有三个决定因素（无风险利率、盈利预期和风险偏好），因此不宜简单地用信用货币框架（主要决定无风险利率）来推导估值结果。这再次说明了DDM三要素是策略研究的核心，在大势研判和行业比较中都起到了至关重要的作用。

基于股利贴现模型（DDM），策略研究至关重要的核心步骤聚焦两个问题：第一个是大势研判（接下来是加仓还是减仓），第二个是行业比较（配置什么风格与行业）。

1.2 大势研判：
核心驱动是业绩还是估值？预期差是什么

大势研判是什么？大势研判就是对未来一段时间内市场的涨跌做出预判，本质在于回答两个问题：第一，市场未来一段时间内能否赚分子端企业业绩增长的钱？第二，市场未来一段时间内能否赚分母端估值扩张的钱？这就决定了我们要对DDM的三要素做出梳理：分子端的企业盈利水平（受经济周期和宏观政策的影响）；分母端的无风险利率（衡量广义及狭义流动性）及风险偏好（由股权风险溢价衡量）。

1.2.1 企业盈利水平：
从微观财务报表中读懂三个中周期的相互影响与牵制

企业作为经济大背景中的微观个体，盈利分析离不开对宏观经济背景的大致判断。经济基本面的经典分析框架从需求视角出发：出口、投资、消费。投资和出口波动相对较大，是中国经济的双引擎。出口主要受全球经济影响，2018年以来，中美贸易往来降温对出口也有影响。投资的三大支柱是制造业投资、房地产投资和基建投资，制造业投资与出口关系较为密切，形成"出口－制造业"链条。消费对中国经济的驱动力量增强，但受到就业、可支配收入、未来收入信心等因素的综合影响。

对于宏观经济有了大致判断之后，企业盈利的方向和幅度已大致清晰。盈利分析决定了A股盈利周期的位置和变动方向，成了A股大势研判的锚。当A股盈利水平大幅回落至零增长，甚至负增长时期时，比如2008年、2012年、2018年和2022年，市场很难有大的机会，要注重回避风险。除此之外，历史上的"指数底"很少晚于"盈利底"出现，因此A股盈利周期的拐点也是市场底部框架的重要构成之一。

从结构的视角观察财务报表，主要分析三个中周期：偿债周期、产能周期和库存周期。它们的相互影响与牵制，决定了盈利的中期线索，其中前两者如图1-2所示。

产能周期是与固定资产投资增速最相关的中周期，企业产能扩张一般分为三步：构建资产现金流—形成在建工程—形成固定资产投资。产能周期是一个代表企业主动经营姿态的重要周期，但扩产与投产的时滞形成了供需的错配。例如，某个行业的产能周期扩张如果遇到"需求下行"，供给过剩的压力更大。

库存周期与库存位置及经营现金流的充裕程度相关，补库行为滞后形成产能。补库存分为主动和被动，也是产能周期的一个辅助形态。

偿债周期会约束产能扩张的意愿与能力，偿债与扩产不可兼得。因此，偿债是一个约束条件，例如2018年的民营企业和2022年的房地产行业均面临一定偿债压力。

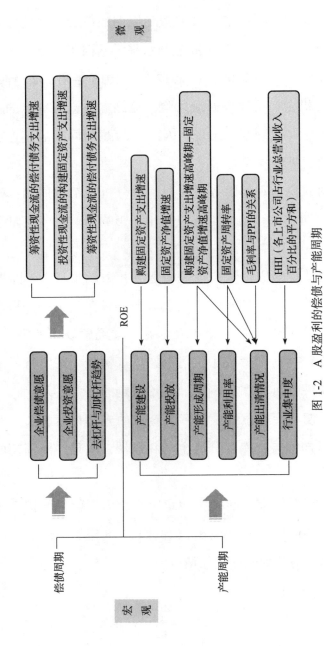

图1-2 A股盈利的偿债与产能周期

资料来源：Wind，广发证券策略团队。

1.2.2 无风险利率：
把握流动性的来源与去向，判断资金的供需关系

市场关注流动性，因为流动性决定了贴现率中的无风险利率。然而首先需要确定的是，我们讨论的流动性，到底是哪个层次的流动性，是宏观流动性还是股市流动性？区分流动性的层次有助于把握流动性的来源与去向。银行间市场流动性主要是第一层次的流动性，股市、房地产和实体经济的流动性是第二层次的流动性（见图1-3）。第一层次的流动性与货币政策密切相关，第二层次的流动性与信用格局密切相关。

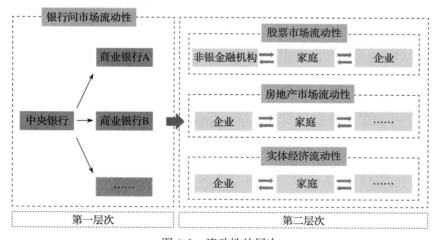

图 1-3　流动性的层次

资料来源：Wind，广发证券策略团队。

从流动性的来源看，银行信贷、外汇占款（资本项和贸易项）和储蓄活化是主要观察变量。从流动性的去向看，实体经济、房地产、金融市场（股票市场等）构成了流动性的去向。

从流动性的量来看，来源主要看外汇占款、银行信贷和居民储蓄活化，去向包括实体经济、房地产和金融市场。外汇占款包括经常项和资本项，经常项参考出口变化，资本项中最大的增量来自北向资金[⊖]。银行信贷受信贷政策、放贷意愿、资本充足率等因素影响。历史上，居民存款搬家需要满足两个条件：第一是居民部门实际利率处于低位或下行，第二是股市存在赚钱效应。例如 2020～2021 年，居民通过"新发基金"积极入市，带来了新发基金市场的火爆。

外资已成为 A 股重要的机构投资者，也是股市增量流动性的重要观察指标。借鉴国际经验，长期看预计外资仍将持续流入。经过数年的持续流入，外资对 A 股的持股规模仅次于公募基金和保险持股，成为 A 股最重要的机构投资者之一。

流动性的价格体现为利率和利差，其中利率的绝对水平和变化方向会影响估值和股价表现，但并非简单的正负相关关系。比如中债利率在低位区时，经济复苏和企业盈利修复预期开始占主导。虽然利率上行影响贴现率，但盈利水平（或盈利预期）上行对股价的推动作用大于利率上行的抑制作用，可见利率从低位抬升的时期 A 股股价多震荡上行。中债利率在高位区时，经济往往由过热逐渐步入滞胀，通胀高企带动加息预期升温，利率取代盈利成为主导变量，利率中高位上行意味着流动性收敛或货币政策开

⊖ 从香港股市中流入内地股市的资金。

始转向，因此股价往往下行。

除了中债之外，在 A 股逐步全球化的背景下，美债利率对于 A 股的影响权重上升——2016 年之后，美债利率对于 A 股高估值行业的股价表现起到主导作用，两者高度负相关，也成了不可忽视的考察变量。

1.2.3　风险偏好：量化指标体系与定性因素分析

风险偏好研究，以量化指标体系与定性因素分析为主，我们整理了市场上主流的风险偏好衡量指标，如表 1-1 所示。量化指标体系包括股债资产联动指标、A 股技术形态指标、资金面指标以及衍生品市场指标等四大部分。定性因素主要关注宏观经济数据、政策环境及资本市场改革等对于风险偏好的作用机制。

表 1-1　主流的风险偏好量化指标体系与定性因素分析指标

指标类别		指标名称	测度方式	与风险偏好相关性
量化指标体系	股债资产联动指标	A 股 ERP	1/ 全部 A 股 PE（TTM）–10 年期国债到期收益率	负相关
		转债指数	中证转债指数走势	正相关
		等级信用利差	（1）5 年期 AA 级与 AAA 级企业债利差； （2）5 年期 AA 级企业债与 5 年期国债利差	负相关
	A 股技术形态指标：整体走势	A 股中期与短期均线差	全部 A 股 120 日均线与 20 日均线的距离	
		A 股突破均线	A 股月线突破月线 MA5 情况	
		偏离年线幅度	A 股月线与年线走势的距离	
		周度上涨股票	周度上涨个股数占比（四周移动平均）	正相关

（续）

指标类别		指标名称	测度方式	与风险偏好相关性
量化指标体系	A股技术形态指标：行情结构	腾落指数	股票上涨家数-下跌家数（MA30）	正相关
		大幅度涨跌个股	单日涨跌幅超5%个股数（MA30）	正相关
		跑赢指数个股	单日涨跌幅超过沪深300个股占比（MA30）	正相关
		创新高个股	创历史60个交易日以来新高的个股占比（MA10）	正相关
		均线以上个股	位于10日或100日均线以上个股占比（MA10）	正相关
		三倍股数	过去一个月内股价涨幅超三倍的个股数	正相关
		连涨个股	连续上涨超过5天的个股数（MA10）	正相关
	资金面指标	杠杆资金	（1）融资融券余额；（2）融资交易额占总交易额比重	正相关
		境外资金	（1）陆股通（北向资金）；（2）QFII+RQFII净额	正相关
	衍生品市场指标	期权认沽认购成交比	50ETF期权历史5个交易日认沽认购合约成交比均值	负相关
		股指期货多空情绪指标	股指期货前十大多头持仓与前十大空头持仓的差值	负相关
定性因素分析	宏观经济数据		宏观数据超预期	
	政策环境		（1）宏观经济政策；（2）监管政策	
	资本市场改革		（1）资本市场地位提升；（2）多层次资本市场体系；（3）对外开放	

资料来源：Wind，广发证券策略团队。

此外，微观结构及成交热度对于热门板块股价变动具备一定的指引作用，可以作为辅助的情绪观察指标。常用的情绪观察指标包括成交额占比、成交额/市值占比、换手率、前10%个股成交集中度、融资买入额等。

1.3 行业比较：行业轮动的两重要义

1.3.1 行业比较："驱动力要素"与"预期差理论"

行业比较的本质，依然是找寻市场的核心驱动力（景气度、估值、配置、资金），与市场定价的预期差。举例来说，景气度分化是行业比较的本质，由产业周期、信用分层共同决定。流动性预期是边际影响变量，不同的货币与信用组合，利好不同行业的表现。估值与配置是辅助跟踪指标，包括估值分位数、配置分位数、微观结构拥挤程度。

行业比较的第一步是认识行业，熟悉行业特性与核心变量敏感度。可大致将行业划分为周期类（上中下游）、消费类（必需与可选）、服务业和 TMT，如图 1-4 所示。

周期类		消费类		服务业	
上游重价，中游重量价利		必需通胀敏感，可选房地产敏感			
大类行业	一级行业	大类行业	一级行业	大类行业	一级行业
上游资源	石油石化	可选消费	房地产	服务	电力及公用行业
上游资源	煤炭	可选消费	汽车	服务	交通运输
上游资源	有色金属	可选消费	家电	服务	银行
中游材料	钢铁	可选消费	轻工制造	服务	非银行金融
中游材料	基础化工	必需消费	餐饮旅游	TMT	
中游材料	建材	必需消费	纺织服装	大类行业	一级行业
中游制造	机械	必需消费	医药	TMT	计算机
中游制造	电力设备	必需消费	食品饮料	TMT	传媒
中游制造	建筑	必需消费	农林牧渔	TMT	通信
中游制造	国防军工	必需消费	商贸零售		

图 1-4 行业分类

资料来源：Wind，广发证券策略团队。

1.3.2 行业比较的两个维度：
中长期结构性改善、短期行业轮动

行业比较的两个时间维度，分别是中长期结构性改善行业，比如聚焦 1～3 年的赛道选择，以及短期行业轮动，比如把握年内的行业配置。中长期维度的行业比较，是积极寻找发生结构性改善的成长性行业用以指导长期投资。短期维度的行业比较包含两层轮动关系——周期轮动和产业链轮动。根据美林"投资时钟"选择不同经济周期阶段弹性最大的行业，或者根据不同产业链景气度传导的顺序来提前判断景气度改善的行业。

历史上 A 股的中长期行业比较是寻找未来 1～3 年净资产收益率（ROE）趋势性改善的"赛道"，随着经济内生驱动力的变化，ROE 的驱动要素也在变化，从加杠杆、提周转，到当前的以利润率为主导。如图 1-5 所示，2013 年以前的经济加杠杆时代，A 股 ROE 主要靠"加杠杆"提升，比如杠杆率提升的周期股就是当时的成长行业。2013～2017 年杠杆率难以持续提升，A 股 ROE 主要靠"资产周转率"提升，比如 2013～2015 年通过商业模式创新改善效率的科技成长股以及 2016～2017 年供给侧结构性改革出清落后产能的周期股。当前杠杆率与周转率趋势性改善的行业较少，因此 A 股的行业比较靠"利润率"提升来寻找 ROE 提升方向，这也成了中长期行业比较的重要思路。

第1章 | 策略思维：信号与噪声　13

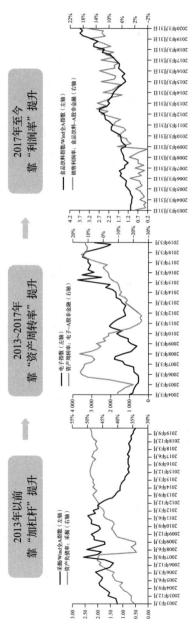

图 1-5　历史上的 A 股行业比较，根据 ROE 杜邦三因素结构性改善的行业展开

资料来源：Wind，广发证券策略团队。

短期行业轮动有两个方面：第一是"周期轮动"，也就是顺应经济"量价"特征的行业配置思路；第二是"产业链轮动"，通过产业链的底层驱动力向产业链上游层层拉动。

"周期轮动"是指经济周期按照"量"和"价"的组合分为四个阶段。根据美林投资时钟模型，这四个阶段分别为：量价齐跌、量升价跌、量价齐升、量跌价升。根据不同行业的成本、需求弹性，不同的量价组合将会产生不同的受益行业。量跌价升，有利于价格导向型消费行业；量价齐跌，有利于成本导向型行业；量升价跌，有利于销量导向型周期行业；量价齐升，有利于价格导向型周期行业。周期的轮动和相应受益行业的关系如图1-6所示：

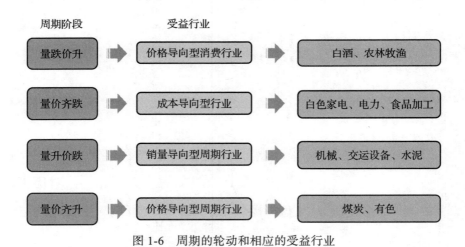

图1-6　周期的轮动和相应的受益行业

资料来源：Wind，广发证券策略团队。

"产业链轮动"中的产业链是我国经济下游的四大需求——出口、房地产、基建、汽车（新能源车）。四大需求对应的中游和上游行业有重叠，其中房地产和基建是最重要的组成部分，汽车（新能源车）的变革将带来新的产业链衍生。下游需求波动是经济波动的先行指标，从下游到上游逐次传导，产生了行业景气度先后波动的现象。

以房地产产业链为例，房地产产业链分为房地产、房地产投资链、房地产销售链、房地产竣工链等。房地产销售链的家电、家具、消费建材行业景气度主要跟踪房地产销售周期（或竣工周期）。房地产投资链的钢铁、水泥、挖掘机、重型卡车等不仅要跟踪房地产的新开工和投资状况，也与基建投资的改善预期密切相关。

1.3.3 行业比较决策：
景气度、估值、配置、微观结构等一揽子指标

一个阶段的市场核心矛盾（企业盈利水平、无风险利率和风险偏好）决定了行业比较的定价逻辑。由于不同行业对于各变量的敏感度不同，特定市场环境利好的行业配置方向会有所不同。

举例来说，不同行业对于流动性的敏感度并不相同。对历史上的利率波动周期做复盘可以看出，在利率上行期，往往周期与消费行业表现更好——周期品受益于经济由复苏到过热带来的业绩改善，如果利率上行抬升通胀预期，则消费行业相应受益。在利率下行期，往往成长与消费行业受益——如果利率下行伴随着经济滞胀与通缩，防御属性较强的消费显著跑赢市场；如果利率

下行伴随着市场整体流动性的边际改善，进攻属性较强的高估值成长股将胜出。

除了定期的驱动力评判与信号验证之外，日常的行业比较是对一揽子指标的高频动态跟踪，据此做出投资决策。高频动态跟踪指标包括但不限于：估值指标（动态与静态）、景气度指标（高频的量价指标及盈利预测变动）、基金配置（季度的配置变化）和财报分析（季度的财务数据梳理等）。这就需要相应的行业数据跟踪做支持。

小结

本章作为全书开篇，我们首先介绍了策略研究框架的核心——股利贴现模型（DDM），并对这一模型中的三要素逐一分析——企业盈利水平、无风险利率和风险偏好。然后对策略研究需要解决的两大核心问题做了概括性介绍：①大势研判——市场未来一段时间是涨是跌？②行业比较——未来一段时间市场买什么？本书后续章节将围绕这两大核心问题详细展开。

| 第 2 章 |

大势研判：策略研究的发令枪

投资者与策略分析师的接触，往往始于"大势研判"。用最简单的话来解释，大势研判旨在解决一个问题：未来的市场是涨是跌？绝大多数情况下，这个问题的答案只有三个"涨、跌、平"。看似非常简单的"三选一"，实际上凝结了策略分析师最核心的研究成果。对市场未来的涨跌判断并非一维的要素分析可以确定的，而是要在一系列的系统分析、要素权衡之后输出结果。本章中，我们试图将大势研判，拆分为 4 个维度，从而系统性地向读者介绍大势研判的判断方法。

2.1 盈利框架：周期与脉动

从 DDM 三要素出发，影响股价的一个关键要素是分子端的企业盈利水平，它甚至常常会成为主导股价走势的核心要素。在本节中，我们将从三个角度来解构盈利分析框架：①净资产收益率（ROE）及杜邦三因素（分别为销售利润率、资产周转率和杠杆率）拆解；②三大现金流（分别为经营现金流、筹资现金流和投资现金流）分析；③三个中期维度的经营周期（分别为偿债周期、产能周期和库存周期）分析。在本节最后我们将讨论如何利用上述盈利分析框架实现跨行业比较。

2.1.1 从总量视角来看，业绩分析有何作用

1. 业绩分析是股利贴现模型分子端的重要方法

策略研究框架的本质是股利贴现模型，业绩分析主要聚焦在分子端。股利贴现模型的含义，是股票的内在价值等于股票未来每一期股利的贴现值之和，这一模型不仅能够帮助定位个股的价值，还对股票市场整体价值有指引作用。策略研究的本质在于识别特定时段的主导变量，并且把握市场对主导变量的预期差。市场的驱动变量繁多，策略研究思维注重化繁为简，我们把股利贴现模型的复杂因子简化成三大要素：①分子端的企业盈利水平；②分母端的无风险利率（流动性）；③分母端的风险偏好（股权风险溢价）。业绩分析聚焦 DDM 分子端，对企业盈利水平的现状及

未来潜在变化做出研判。

策略研究通常包括三个步骤的研判：DDM 三要素、核心驱动要素和"预期差"。DDM 三要素包含分子、分母两端——分子端的企业盈利水平（受经济周期和宏观政策的影响），分母端的无风险利率（衡量广义及狭义流动性）及风险偏好（由股权风险溢价衡量）。

2. A 股盈利周期的位置和变动方向，是 A 股大势研判的重要变量

盈利水平在许多时期是主导 A 股走势的核心要素。例如，我们在 2021 年 12 月就提示对 2022 年市场持谨慎态度的原因之一便是，我们判断 2022 年 A 股的核心特征是盈利增速下行至低速。大势研判的本质就在于回答两个问题：一是市场在未来一段时间内能否赚分子端企业业绩增长的钱？二是能否赚分母端估值扩张的钱？站在 2021 年底来看，2022 年 A 股盈利水平进入自周期高点向下回落的第二年，A 股非金融行业盈利增速或降至低速增长，这是分子端的确定性。从盈利的周期波动规律来看，2021 年第 1 季度是当轮盈利周期的高点，2022 年将进入盈利周期回落的后半段，参考历史上盈利周期向下回落的第 2 年（2008 年、2011 年和 2018 年），A 股非金融行业盈利增速或降至低速增长区间，而历史上的可比周期 A 股市场往往因为投资者对分子端担忧而承压，如图 2-1 所示。因此，2022 年 A 股的核心特征可以总结为，盈利增速下行至个位数，赚"业绩增长的钱"很难。这是 A 股大势研判的锚。

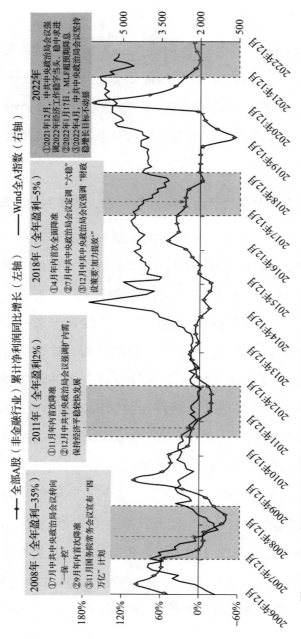

图2-1 2022年的宏观环境是盈利下行+稳增长，类比年份是2008年、2011年和2018年，大多数A股承压

资料来源：Wind，广发证券策略团队。

2.1.2 ROE 的分析脉络：拆解杜邦三因素

1. 净资产收益率的分析，聚焦杜邦三因素的隐含变化

净资产收益率（ROE）反映的是所有者权益所获报酬的水平，用更通俗易懂的话来说，就是"每投入 1 元资本，公司能够获得的净利润"。ROE 较为完整地体现了一个公司的盈利能力，能够对盈利周期带来指引，因此投资者会对 ROE 进行深入的分析。

对 ROE 的分析，首先看其位置和变动趋势，其次看杜邦三因素的边际驱动力。一方面，从 ROE 的时间规律和位置，来判断未来 ROE 的变动趋势。盈利由量价决定，但 ROE 由"量价利"决定，因此 ROE 的拐点会滞后于企业盈利拐点。

更重要的是拆解 ROE 的杜邦三因素。ROE 可以通过杜邦拆解拆分成三大因素：ROE= 销售利润率 × 资产周转率 × 杠杆率。举例来说，A 股销售利润率和生产消费价格指数差额，即 PPI-CPI 的剪刀差高度相关；轻资产的消费行业更看重销售利润率，重资产的周期行业更看重资产周转率。

2. 销售利润率：衡量产业链之间利润空间的分配

（1）A 股整体利润率和 PPI-CPI 趋势高度相关。利润率（毛利率、净利率）衡量了行业赚取价差的能力和议价能力（向消费者议价，向成本端议价），因此和 PPI-CPI 趋势高度相关。受需求和成本的影响，从总量来看，A 股整体的利润率衡量了产业链之间利润分配的能力。而 PPI-CPI 的形态决定了利润率在上中下游之间的传导和分配，因此 A 股利润率和 PPI-CPI 的趋势高度相关。例如，2020 年之后 PPI-CPI 持续上行，体现在下游消费行业利润率持续受挤压，反映了"高成本"与"低需求"的双重夹击。

（2）在杜邦三因素中，消费板块比较看重"销售利润率"。其背后的原因在于，消费行业的需求弹性较周期行业更小，产能和负债的波动也不像周期行业那样剧烈，因而资产周转率和杠杆率的变动趋势一直较为平缓。因此，消费行业 ROE 波动的核心驱动力主要来自销售利润率的变化。从历史数据来看，可选及必需消费的 ROE 与销售利润率呈高度相关。因此销售利润率（或相对 A 股整体的利润率优势），对于消费行业的中期股价表现有指引意义。

3. 资产周转率：衡量供需相对的匹配度，是一个"效率"指标

资产周转率 = 收入 / 资产，收入代表需求，资产代表供给，因此资产周转率可以衡量供需的匹配度。2012 年之后，随着中国经济增速放缓，经济波动收敛，资产周转率的波动亦由此前的"大开大合"边际收敛，中枢亦下移。2012 年之前，中国经济是增量模式，收入与资产的波动都是大起大落，因此资产周转率维持在高位，且波动幅度较大；但是 2012 年之后，产能过剩持续压制资产周转率，中国经济进入存量时代，资产周转率中枢亦随之下移，波动幅度亦收敛。

传统制造业（周期品）有相对重资产属性，因此更看重"资产周转率"。相对于消费行业，传统周期制造业对资产的投入和依赖度更高，因此资产的产出效率与公司的盈利能力更加相关。从传统周期制造的行业属性来看，在需求供给波动周期下，企业的经营决策会体现在产能与库存周期的变化上，最终形成盈利周期的映射，盈利能力由供需关系决定。因此对于传统周期制造企业，产能周期的分析便较为重要，产能周期会影响资产周转率的上下波动：价格上行—资产周转率上升—企业扩产—供大于求—资产周转率恶化—价格下跌。

新兴产业也比较看重"资产周转率"。商业模式或产品创新带来供需共振。新兴产业多处于创新初期，本质上是一个新产品、新商业模式或新理念的运用，会带来广阔的需求空间，因此收入增速超过资产增速，资产周转率持续提升。从历史上智能手机、安防摄像头、移动互联网等经典新兴产业经验来看，新兴产业在蓬勃发展的产业初期，最重要的特征就是高资产周转率支撑高ROE。

4. 杠杆率：衡量企业的债务水平和债务结构

杠杆率分为无息负债率和有息负债率。无息负债主要是指应收、预付、合同借款等，衡量的是企业之间的"三角债"，在经济好的时候温和扩张是积极信号，在经济差的时候扩张则会挫伤小企业的现金流量表。有息负债率则可表示企业真实加杠杆的意愿。

目前来看，中国经济大幅加杠杆的时期已经过去，且受结构性供给过剩约束，当前能够加杠杆的行业不多，因此结构上可关注具备"再加杠杆"动能的潜在方向。

2.1.3 现金流的分析脉络：花钱的意愿和领域

现金流分析也是盈利分析中不可或缺的一环。现金流量表中的"经营现金流""筹资现金流"和"投资现金流"不仅可以帮助我们判断公司乃至全部 A 股的经营趋势，还可以帮助判断公司的经营是否健康，外部环境是否边际恶化。通过对现金流量表的分析，我们可以对 A 股企业的经营情况有更全面的了解。

1. 经营现金流：除了和销售相关，还和库存周期相关

经营现金流恶化，需要区分是销售不佳（现金流来源少，偏负面）还是花钱补库（企业预期积极，偏正面）。惯性认识里，经营现金流与销售商品最为相关。不过除此之外，经营现金流还有一个重要的参考项，即"购买商品支付的现金流"。资产负债表里的存货和现金流量表里的"购买商品支付的现金流"，可共同表示库存周期。在一轮去库存周期的尾声或补库存周期的前期，率先补库的行业反而意味着对需求改善的前景较为乐观。

2. 筹资现金流：和信用环境相关，也和偿债周期相关

筹资现金流主要和信用融资环境挂钩，在信用宽松环境中，筹资现金流往往上升。筹资现金流主要的流入项目为"融资流入的现金流",主要的流出项目为"偿还债务支付的现金流"。

一般情况下,经营现金流越差的公司,越会积极取得筹资的现金流入。此外,"宽信用"受益的领域也会获得更积极的筹资流入。

3. 投资现金流:取决于企业资本开支扩张的"意愿"和"能力"

投资现金流的净流出代表企业扩张,既包含"意愿"又包含"能力"。投资现金流支出,带来的现金流恶化未必是负面信号,亦可能意味着企业在积极扩张。在投资现金流分析中,可将"购买各类资产支付的现金流"与"在建工程"结合,以衡量行业产能周期(CAPEX)的扩张和收缩趋势。例如,从2022年中报来看,以购买各类资产支付的现金流增速和在建工程增速衡量,可发现中游制造行业是A股产能扩张的主力军。无论与新能源相关的高端制造,还是与经济增长相关的传统制造,产能周期普遍都在向上,较A股整体更为鲜明。同时,与此前持续收敛的经营状态不同,部分消费行业开始结构性扩产能。

2.1.4　三个经营中周期:寻找经营周期最优解

三个经营中周期——偿债周期、库存周期和产能周期,相互影响与牵制,决定了盈利的中期线索。

偿债周期:偿债与扩产不可兼得,偿债周期会约束企业产能扩张的意愿与能力。因此,偿债是一个约束条件,2018年的民企与2022年的房地产企业面临较大的偿债压力。

库存周期：库存周期与库存位置和经营现金流的充裕程度相关，补库行为会滞后形成产能。补库分为主动与被动，是产能周期的一个辅助形态。

产能周期：产能周期是与固定资产投资增速最相关的中周期，企业产能扩张一般分为三步，即构建资产现金流—在建工程—固定资产投资。产能周期是一个代表企业主动经营姿态的重要周期，但扩产—投产的时滞形成了供需的错配。例如，2022年的产能周期会遇到"需求下行"，供给过剩的压力更大。

1. 偿债周期：偿债是一个约束条件，2018年的民企和2022年的房地产企业面临较大的偿债压力

偿债和扩产是企业的两难选择，当债务压力较大的时候，企业只能优先偿债而难以扩产。企业在盈利改善、现金流"回血"的背景下，究竟是"偿还旧债"还是开启"新一轮扩产"，这是一个两难的选择。从历史看，对于A股影响比较剧烈的两波是2018年的民营企业融资成本提升和2022年的房地产企业偿债能力大幅恶化，企业扩产均受限制。因此，可从财务数据中找寻产能扩张有启动迹象且偿债压力相对较小的行业，从行业比较来看，其未来的产能扩张周期有望延续。

2. 库存周期：分为主动与被动，是产能周期的一个辅助形态

库存周期和生产价格指数（PPI）相关，库存又分为原材料、

中间品和产成品，从上市公司财报视角很难再区分。

由于上市公司财报很难对库存结构进行区分，因此我们需要结合"购买商品支付的现金流"来框定库存周期。如果现金流+库存水平上行，那大概率是原材料及中间品补库（主动信号）；如果只有库存水平上行，现金流未显著改善，那可能是终端产成品库存累计，此时需结合收入的变化来区分是不是被动累库（被动信号）。

在不同的库存周期，可以找到一些领先于 A 股整体的特征，这是行业比较的思路之一。在一轮经济下行触底、库存周期持续下行的过程中，我们可以寻找先于 A 股整体的"率先主动补库"的复苏行业，以下条件可视为需求确定性带来的率先主动补库存：① PPI 分项稳定或上行；②收入状况改善；③毛利稳定；④产成品去库存；⑤原材料及中间品补库存。

3. 产能周期：产能周期是一个代表企业主动经营姿态的重要周期

产能周期是一个代表企业主动经营姿态的重要周期，但扩产—投产的时滞形成了供需的错配。产能周期的后半程往往会迎来结构性的"供给过剩"。历史上，在 A 股盈利下行期，企业的产能周期往往会继续惯性扩张。2008 年、2011 年和 2018 年的盈利下行期，企业产能周期惯性扩张，主要体现在构建资产支付现金流同比增速继续上行或维持相对高位，且在建工程同比增速明显上行。A 股盈利下行周期遭遇产能惯性"投产"周期，将会导致结构性"供给过剩",并约束企业继续产能扩张的动能。从历史来看,结构性"供给过剩"之后,企业一般会进入产能结构性收缩周期,类似阶段企业的产能扩张动能将会受到明显约束。

疫情开始之后结构性供给过剩的形势更为严峻,这是行业比较未来关注的重点。从 2022 年下半年来看,A 股产能确认进入"投产"周期。从产能扩张的相关指标来看,A 股的构建资产支付现金流同比增速已经开始回落,而在建工程同比增速和固定资产同比增速则都已进入上行阶段。由此可见:伴随着 A 股产能"投产",A 股的新增资本开支动能也会减弱。后续,对于扩产的品类,我们需要跟踪确定资产周转率和销售利润率能否稳定,而不扩产的品类可能具备更佳的供需结构。

目前,上游资源品行业的产能利用率高,产能周期处于历史低位,这样的"供需缺口"是最健康的状态。中游制造业是 A 股目前扩产的主力军,随着产能逐步"投产",供给增加也会约束中游制造业的产品定价,这在一定程度上会挤压中游制造业的利润空间。下游消费行业的产能周期逐步启动,产能扩张已经开始结构性改善。

2.1.5　业绩分析在跨行业比较中的常用思路

1. 盈利预测的调整,动态跟踪"业绩上修"和"预期触底"

行业盈利预测的修正是市场预期价格消化（Price in）的过程。

通过调整盈利预测，可以释放两类线索：第一类，业绩预测上修+股价没表现的行业；第二类，业绩预测底部+估值及配置反应充分的行业。

2. 结合估值、基金配置，找寻市场的"预期差"

结合"胜率-赔率"框架，可通过盈利预测、估值和基金配置，寻找市场的"预期差"所在。例如，根据预期盈利增速和基金配置分位数，可以将行业分布划分为四个象限，每个象限可根据不同线索进行行业挖掘。对于高增长高仓位，需要关注业绩验证；对于低增长高仓位，需要警惕机构卖出压力；对于低增长低仓位，可寻找景气度预期反转的机会。

2.2 估值体系：动态与静态

从 DDM 三要素出发，我们发现决定股价的要素除了分子端的盈利水平，还有分母端的估值。因此对估值的理解也非常重要。在本节当中，我们指出传统静态估值分析的问题，并引入动态估值的估值评价体系，帮助投资者更全面地对市场的估值做出评价。

2.2.1 A股估值"极端化"，传统静态估值失真

我们在做策略研究的时候发现，数据上计算出来的行业估值，和投资者"体感"的估值，有时候会相去甚远。究其原因，我们

传统的行业估值体系不可避免地会存在两个弊端：其一是突发性事件导致A股业绩"砸坑"后（如2020年初的新冠疫情），最近12个月市盈率（TTM）的估值没有办法避免盈利"一次性减记"导致的A股估值被动高估；其二是随着A股投资头部化，市场关注度较低的尾部公司容易带来行业的"估值噪声"。具体来说，导致A股传统估值体系失真的主要原因就是：

1. 盈利"一次性减记"带来A股被动高估或低估

商誉减值和业绩一次性减记，容易导致A股估值过度高估或低估。商誉减值通常会出现在中报和年报中，尤其是科技股年报当中的商誉减值规模相对较大。突发性事件（如新冠疫情等）也容易导致A股部分行业的业绩一次性减记。传统估值体系主要计算的是PE（TTM），用的是过去4个季度的滚动净利润计算的，商誉减值和业绩一次性减记容易对估值体系形成较为明显的扰动。但是，商誉减值和事件性影响对企业盈利的扰动都是"一次性减记"，对企业的盈利预期并不会造成影响。因此，传统静态估值并不能真实反映企业远期的价值，易受到业绩"一次性减记"的影响，从而使估值过高或过低。

2. 尾部公司带来"估值噪声"

随着投资者机构化以及注册制改革的推进，A股的龙头效应越发显著。如图2-2所示，2016年以来，A股机构投资者的持股

第 2 章 | 大势研判：策略研究的发令枪　31

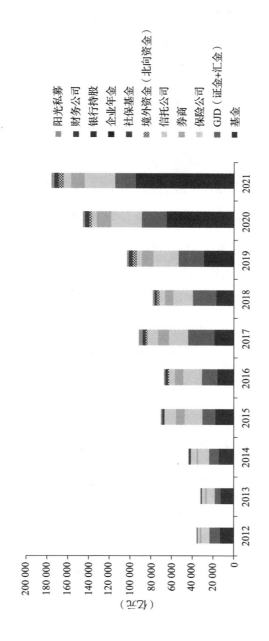

图 2-2　A 股机构投资者持股规模加速扩张

资料来源：Wind，广发证券策略团队。

规模加速扩张，以基金、保险和北向资金为代表的长期投资者占比持续抬升。机构投资者偏好龙头公司，A股龙头公司的盈利能力稳定，自2016年以来持续获得超额收益，进一步强化了机构投资者对龙头公司的偏好。由此导致A股投资者主要交易的是龙头股，对行业估值的"体感"也更多来自龙头股，重点公司估值的重要性上升，而全行业估值的重要性下降。

传统基于整体视角的估值方法论，将会受到尾部公司的扰动，造成行业估值的"失真"。目前为止，A股成交额前10%公司的成交额占全部A股的比重已经达到48%；前30%公司的成交额占全部A股的比重已经达到64%；前50%公司的成交额占全部A股的比重已经达到88%。由此可见，A股交易结构"二八分化"，投资者高频交易头部公司，更关注头部公司估值的"体感"，而尾部公司的估值，容易导致行业估值出现"失真"。投资者越来越不需要全部A股的估值，而是需要重点跟踪公司的估值。

2.2.2　解决方法：构建跟踪重点公司的全动态估值体系

为了应对业绩"一次性减记"导致A股被动高估和尾部公司"估值噪声"的问题，我们构建基于分析师重点跟踪公司的全动态估值体系，如图2-3所示。分析师重点跟踪公司指的是有5家及以上机构给出盈利预测的公司。全动态估值体系具备三重动态，动态市值、动态盈利预期（动态净利润预期）和动态样本（动态的分析师重点跟踪公司），通过一定程度损失样本量（非重点公司）的方式，聚焦重点公司的行业估值。在三重动态中，动态市值是比较容易理解的，我们简单认识一下动态盈利预期和动态样本。

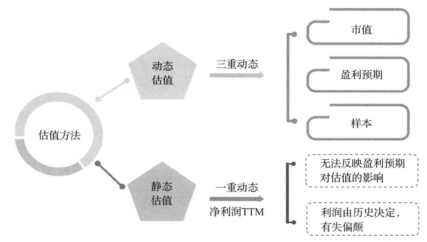

图 2-3　全动态估值体系结合三重动态
资料来源：Wind，广发证券策略团队。

动态盈利预期：基于动态的盈利预期，而非静态的 TTM 净利润，动态估值实现了真正意义上的"远期定价"。我们使用分析师对当年的年度归母净利润一致预期（中位数），作为公司（行业）的估值基准，既能有效规避业绩"一次性减记"对估值的扰动，也能使得估值真正"动起来"，为企业的预期利润进行定价！

动态样本：基于分析师重点跟踪公司，而非全部公司，动态估值能够同时规避"预期偏差"和"估值噪声"。在分析师的盈利预期中，我们仅挑选有 5 家（及以上）机构出具年度盈利预期的重点公司，作为动态估值的样本，既能有效规避个别公司盈利预期畸高或畸低对行业估值的扰动，也能过滤尾部公司对行业估值的"噪声"。

动态盈利预期的优势：实现真正意义上的远期定价，对估值有更强的指引性。历史经验显示，实际盈利增速能够有效反映在股价走势上，但由于盈利披露存在较长时滞，数据有效但后验，导致现实中的指导意义弱化。而预期盈利增速能够实时反映市场对于企业盈利的一致预期，并能够做到持续的动态调整。通过实证数据对比可以看到，预期盈利增速与大多数行业的指数走势强相关，能够作为行业股价走势的有效指引。

同时，预期盈利增速也会逐步修正并接近实际盈利增速，具备自我校正的功能。预期盈利增速是分析师对当年盈利增速预测的中值，越靠近年末，由于信息披露更加充分、高频数据更丰富等因素，分析师预测会越接近真实值。我们统计了各个行业及大类板块的各年度实际与预测盈利增速，可以发现，分析师的净利润预测增速在一年中会逐渐向实际值靠拢。

动态样本的优势：把握市场焦点，稳定样本结构。在全动态估值视角下，样本公司的实时更新，有利于始终聚焦市场主要关注的公司。我们构建的全动态估值体系，并不是年度或季度调整样本的，而是实现了实时调整样本，只要分析师重点跟踪公司出现变化，我们使用的样本也会即时响应这种变化，不仅仅实现了计算方法的"全动态"，也进一步实现了估值样本的"全动态"。

统计可得，随着A股上市公司数的增加，分析师重点跟踪公司数也有所抬升，不过，自2020年以来，分析师重点跟踪公司数基本维持在1000家左右（约占全部A股公司数的1/3）。

分析师重点跟踪公司，也多是公募基金的重仓持股。我们测算了2010年以来公募基金的前10大重仓持股，其中，分析师重点跟踪公司的占比一直维持在80%以上。截至2022年中报，在公募基金前10大重仓股中，分析师重点跟踪公司的占比达84.44%。

同时，分析师重点跟踪公司的行业分布比较均衡，一定程度上，能够对冲金融等低估值行业对A股估值的拖累。全部A股的市值结构越来越受金融等低估值行业的拖累，使得当前A股估值和历史"不可比"。2005年全部A股的市值结构相对健康，金融、周期、消费和科技行业的分布比较均衡。但是2020年全部A股的市值结构受金融和房地产行业的扰动较大，银行、非银和房地产等低估值行业的A股市值占比高达25%，拖累全部A股估值下台阶。而分析师重点跟踪公司的市值结构相对稳定且健康，和历史的"可比性"也较高。2005年分析师重点跟踪公司，市值结构均匀分布在制造、消费和服务等行业，低估值的金融和房地产行业占比较低，2020年分析师重点跟踪公司的市值结构也维持相对均衡，低估值的金融和房地产行业的占比也较低，2020年分析师重点跟踪公司行业分布如图2-4所示。因此，我们认为，分析师重点跟踪公司的全动态估值，不仅能够避免受低估值行业对于A股整体估值的拖累，拥有较为稳定的市值结构，也能使得全动态估值的纵向（历史）可比性更强。

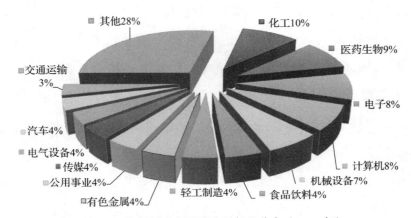

图 2-4　分析师重点跟踪公司行业分布（2020 年）
注：由于四舍五入的原因，最终总计与 100% 略有出入。
资料来源：Wind，广发证券策略团队。

2.2.3　动静结合：如何发挥"互补"优势

对比动态、静态估值的相对位置，可以判断行业估值"拐点"。由于盈利预期变动影响了动态估值的分母端，因此动态估值的变动常领先于静态估值，并一定程度上反映了市场对行业未来景气度的预期。经验数据显示：当动态估值分位数显著高于静态估值时，市场对于行业的预期净利润下调，行业估值大概率将迎来向下的拐点；而当动态估值分位数显著低于静态估值时，市场对于行业的预期净利润上调，行业估值更可能迎来向上的拐点。

2.2.4 动态、静态估值数据库的综合利用

构建静态、动态估值数据库，多视角覆盖估值的行业比较。基于上市公司市值数据及财报数据，我们构建出了每周更新的 TTM 静态估值数据库，如图 2-5 所示。数据库对一二三级行业、广发大类行业与广发新兴产业的绝对估值及相对估值进行了测算，同时包括各行业股息率、实际盈利增速及 ERP（股权风险溢价）数据的行业对比。估值数据采用整体法，并剔除次新股（当年上市股票），使得估值数据更具实际意义。

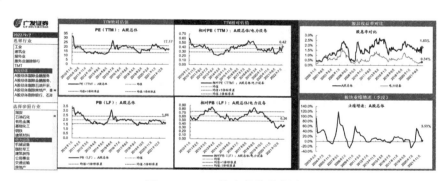

图 2-5　TTM 静态估值数据库

资料来源：Wind，广发证券策略团队。

我们同样构建了重点公司全动态估值数据库，全动态估值数据库如图 2-6 所示，面向未来估值的三重动态，综合把握行业估值比较。动态估值数据库通过对分析师重点跟踪公司的市值及动态预测净利润的跟踪，利用整体法，计算一二三级行业、广发大类行业及广发新兴产业的全动态市盈率（PE）、预测净利润增速、全动态相对 PE 及 ERP 等数据。

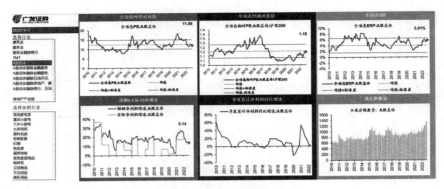

图 2-6　全动态估值数据库

资料来源：Wind，广发证券策略团队。

2.3　底部框架：否极与泰来

策略研究的关键任务之一是对市场大拐点的判断。站在历次熊牛切换的交叉口，由于熊市的余韵尚未消散，熊市的反复下跌经历过于痛苦以至于许多投资者屡次抓反弹（反转）的心态在真正接近底部时已被消磨殆尽。因此要想真正抓住市场底部区域机会，往往需要投资者具有明确的底部判断框架以及巨大且坚定的决心。此时，优秀的策略分析师需要提供科学、有效的底部框架，去度量市场的赔率和胜率的变化情况，为市场提供正确的"底部区域"的判断。

2.3.1　底部框架："否极泰来"方法论

为确认熊市底部，我们构建了"否极泰来"底部框架，如表 2-1 所示，通过三大维度共二十个指标全面判断 A 股底部。运用该方法论进行大势研判，分别从熊底静态维度、熊底动态维度和熊转牛驱动力维度对历次熊市底部进行了全方位对比。A股到达"股价底"时，多数指标存在一定的共性。基于"否极泰来"经典底部指标，站在2019年初的时间点，能成功判断2019年1月3日A股的熊市底。此外，通过对基础框架的指标进行微幅调整，这一方法论还能应用于对宽基指数底部的判断，例如2022年4月26日的小盘成长股以及部分宽基指数均符合底部特征。

表2-1 "否极泰来"底部框架——"三大维度、二十个指标"

	观察指标		对应到达大底时的特征、条件或标准
	资产联动指标	可转债	可转债自最低点回升5%以后基本可以视作反转，回升12%之后基本股票市场见底
		股债相对回报率	上证综指对10年期国债的股债相对回报率超过0.81
		低评级信用利差	"股价底"一般滞后低评级信用利差见顶回落拐点的2～3个月
熊底静态维度	市场技术指标	上证综指季线	上证综指"季线四连阴"及以上
		上证综指月线突破月线MA5	大底过后，月线持续在月线MA5上方，行情走强
		大底附近2倍股数量	底部后3个月2倍股数量占比＞底部前3个月2倍股数量占比
		日均换手率	底部前缩量下跌，萎缩至"地量"，底部后1个月换手率上升
		指数日均跌幅	日均跌幅相比底部前3个月明显放大，均值约为-1%，环比变化先升后降
		下跌公司占比	底部前1个月A股下跌公司占比大幅上升，均值约为70%，而后1个月占比大幅下降
		200日均线以上个股占比	该比例自底部前显著降低，底部后回升
		上证综指偏离年线幅度	底部前1个月处向下偏离年线，均值为-27.83%，大底后有所收敛
		涨停家数与跌停家数比例	大底后1个月该比例相较大底前3个月和前1个月均有大幅提升

（续）

观察指标			对应到达大底时的特征、条件或标准
熊底静态维度	市场行为指标	流动性	熊市最低成交额占牛市最高成交额的比重触底后回升
		回购	绝对规模与相对占比触底后回升
		重要股东增减持	减持规模触底后回升
	估值指标	PE	考虑利率和盈利增速后的PE（TTM）达到阶段相对低位
		高股息率股	绝对数量及相对占比达到阶段相对高位
		破净股	绝对数量及相对占比达到阶段相对高位
熊底动态维度			动态比较历轮熊市底部"政策底、估值底、股价底、经济底、盈利底"的演绎路径
熊转牛驱动力维度			动态比较历轮熊转牛中盈利、利率和风险偏好中，哪个因素是核心驱动因素

资料来源：Wind，广发证券策略团队。

2.3.2 大势研判："否极泰来"在A股熊市底的应用

"否极泰来"方法论的第一大应用，是对A股熊市底的判断。我们分别从熊底静态维度、熊底动态维度和熊转牛驱动力维度三大维度共二十个指标对历次熊市底部（2005年6月、2008年10月、2013年6月和2019年1月）进行了全方位对比。运用该方法论，站在2019年初，将当时的市场特征与此前三次熊市底部进行对比，便能做出鲜明判断：2019年1月3日的A股已大体上符合底部特征，历史性底部已现。之后A股走势确实印证了2019年1月3日为熊市大底，验证了该方法论能及时且有效地对熊市底做出前瞻性的研判。

在"否极泰来"底部框架中，第一个维度是熊底静态维度，包括资产联动指标、市场技术指标、市场行为指标和估值指标等四个角度的市场静态特征。熊底静态维度的各项指标显示，2019年1月3日，A股已经具备明显的底部特征。

（1）资产联动指标　如表2-2所示，2019年1月3日的各项资产联动指标中，可转债、股债相对回报率均符合大底特征或条件。根据历次A股熊市底部的历史经验，可转债自最低点回升7%后基本可视作反转，回升12%后市场基本见底。可转债自2018年6月27日至2019年3月7日已上涨21%，见底特征明显。股债相对回报率难以长期处于1.5个标准差及以上，即0.82，而2019年1月3日的股债相对回报率达到0.87，已出现拐点，开始回归，符合底部特征。但低评级信用利差不符合大底特征或条件，与历史经验不一致。通常情况下，在低评级信用债利率见顶之后的2~3个月内，A股能获得明显正收益，但在2018年7月至2019年初，低评级信用利差在2.0%~2.2%窄幅震荡，并未出现明显下行拐点。

表2-2　2019年1月3日各项资产联动指标所处情况

资产联动指标	对应到达大底时特征、条件或标准	2019年1月3日指标所处情况	2019年是否符合	2005年是否符合	2008年是否符合	2013年是否符合
可转债	可转债自最低点回升5%以后基本可以视作反转，回升12%之后股票市场基本见底	2018年6月底至2019年初反弹21%	符合	符合	符合	符合
股债相对回报率	上证综指对10年期国债的股债相对回报率超过0.81	0.87	符合	无数据	不符合	符合

(续)

资产联动指标	对应到达大底时特征、条件或标准	2019年1月3日指标所处情况	2019年是否符合	2005年是否符合	2008年是否符合	2013年是否符合
低评级信用利差	"股价底"一般滞后低评级信用利差见顶回落拐点2～3个月	窄幅震荡，拐点不明显	不符合	无数据	符合	符合

资料来源：Wind，广发证券策略团队。

（2）市场技术指标　2019年1月3日各项技术指标大致符合大底特征或条件。符合大底特征或条件的有：上证综指季线，上证综指月线突破月线MA5，大底附近2倍股数量和日均换手率。从上证综指季线来看，市场底部往往出现在最后一根阴线或连阴后的第一根阳线中。截至2018年第4季度，上证综指已出现"季线五连阴"。从上证综指月线来看，历史上出现熊市大底后，上证综指月线将骑在月线MA5上同时上行。2019年2月，在上证综指月线持续12个月低于月线MA5后，上证综指月线突破月线MA5。从2倍股数量占比来看，历史上底部后3个月2倍股数量占比大于底部前3个月。2019年1月前后2倍股数量占比迅速提升。从日均换手率来看，2005年和2008年底部后1个月换手率较前期明显上升，2019年1月3日的换手率处于极低位，且之后1个月的换手率较前1个月有明显上升。

指数日均跌幅、下跌公司占比、200日均线以上个股占比、上证综指偏离年限幅度趋势上符合大底时的特征或条件。从指数日均跌幅来看，底部形成前最后1个月上证综指日均跌幅在–0.5%～–1.5%，且较前3个月、6个月跌幅均有所放大。

2019年1月3日的前1个月跌幅有所放大，跌幅环比增速显著上升，但跌幅绝对值偏低。从下跌公司占比来看，前几轮底部前最后1个月市场下跌公司占比大多相比此前3个月、6个月明显放大，底部后1个月明显下降。2019年1月3日的趋势与2008年、2013年大底一致，但前1个月的下跌公司占比绝对值偏低。从200日均线以上个股占比的历史数据来看，底部前1个月较底部前3个月均大幅下滑，底部后1个月较底部前1个月大幅上升。2019年1月3日前后的高低趋势符合大底特征，但环比变化不如过往大底明显。从上证综指偏离年线幅度的历史数据来看，底部前1个月上证综指向下偏离年线，均值为27%，中值为21%，大底前1个月较前3个月有更大幅度的负向偏离，而大底后1个月较前1个月明显收敛。从环比特征来说，2019年1月3日的A股符合大底特征，但偏离幅度不够大。

涨停家数与跌停家数的比例与历史上几次大底不一致。大底后1个月涨停家数与跌停家数的比例相较大底前3个月和前1个月均有大幅提升，但2019年1月3日该比例与前期大底不一致。具体各指标情况详见表2-3。

表2-3　2019年1月3日各项市场技术指标所处情况

市场技术指标	对应到达大底时特征或条件	2019年1月3日指标所处情况	2019年是否符合	2005年是否符合	2008年是否符合	2013年是否符合
上证综指季线	上证综指"季线四连阴"及以上	五连阴	符合	符合	符合	符合

(续)

市场技术指标	对应到达大底时特征或条件	2019年1月3日指标所处情况	2019年是否符合	2005年是否符合	2008年是否符合	2013年是否符合
上证综指月线突破月线MA5	大底过后，月线持续在MA5上方，行情走强	已突破MA5，后续仍待验证	符合	符合	符合	符合
大底附近2倍股数量	底部后3个月2倍股数量占比＞底部前3个月2倍股数量占比	符合大底规律	符合	符合	符合	不完全符合
日均换手率	底部前缩量下跌，萎缩至"地量"，底部后1个月换手率上升	地量0.37%，之后回升	符合	符合	符合	不符合
指数日均跌幅	日均跌幅相比底部前3个月明显放大，均值约为-1%，环比变化先升后降	趋势符合，-0.35%未到均值	不完全符合	符合	符合	符合
下跌公司占比	底部前1个月A股下跌公司占比大幅上升，均值约为70%，而后1个月占比大幅下降	环比趋势符合，58.0%未到均值	不完全符合	不符合	符合	符合
200日均线以上个股占比	该比例自底部前显著降低，底部后回升	趋势一致，但环比变化不够明显	不完全符合	符合	符合	符合
上证综指偏离年线幅度	底部前1个月处向下偏离年线，均值为-27.83%，大底后有所收敛	趋势符合，-16.40%未到均值	不完全符合	符合	符合	不完全符合
涨停家数与跌停家数比例	大底后1个月该比例相较大底前3个月和前1个月均有大幅提升	和历史不一致	不符合	符合	符合	符合

资料来源：Wind，广发证券策略团队。

（3）市场行为指标　各项市场行为指标中，2019年1月初的流动性水平与前三次熊市底部时期大致相当，回购规模明显超过以往，重要股东净减持，符合熊市底部特征。从流动性来看，2018年至2019年初A股换手率最低为1.0%，略高于2010～2014年熊市底部的0.7%。此前三轮熊市底部（2001～2005年、2008年及2010～2014年）成交额最低点占牛市成交额最高点比例分别为16%、17%和24%，2018年熊市底部为13%，相对成交额更低。从上市公司回购规模来看，2009年至2019年初，A股有三轮上市公司回购潮（2012年10月至2013年6月、2015年7月至2016年6月及2017年11月至2019年初），这三轮回购潮的月平均回购规模分别约为8亿元、7亿元及43亿元，约占日均交易额的0.49%、0.10%和1.12%。从绝对规模和相对占比来看，2019年1月3日，熊市底部回购潮明显高于以往两轮回购潮。从重要股东增减持来看，截至2019年3月6日，重要股东减持规模为138亿元。2000年至2019年初的大多数年份，重要股东以减持为主，2017年重要股东减持规模明显放缓，2018年减持规模较2017年有所增加，但仍低于2013～2016年的水平。

（4）估值指标　考虑利率和盈利后的2018年熊市A股估值处于底部区域，各项估值指标中，高股息率股占比和破净股占比与前三次熊市底部相比大致相当，符合熊市底部特征。综合考虑利率和盈利增速来对比估值，主要将2001～2005年熊市和2010～2014年熊市估值底的两个时期作为对比对象。2018年12月，A股非金融PE（TTM）为18倍，而2001～2005年熊市与

2010～2014年熊市A股非金融PE（TTM）最低点分别为20倍及17倍。2018年12月，10年期国债收益率约3.2%，2005年3月、2011年12月分别为4.1%、3.4%。2018年第3季度，A股非金融累计净利润同比增速为18%，2005年第1季度和2011年第4季度仅为2.6%及2.1%，2018年熊市盈利水平明显更优。2018年12月底部估值比2005年底部低10%，略高于2011年12月底部估值，但利率水平更低，盈利水平明显更优，考虑利率和盈利水平后，2018年12月估值水平相较2005年3月和2011年12月并不高。

从高股息率股和破净股比例来看，2019年1月3日，股息率大于5%的股票数量为109只，占比3.1%，此前三次熊市底部时期在67～87只，占比在2.7%～5.8%区间内。2019年1月3日破净股数量为420只，占比11.7%，历史上三次熊市底部在6.4%～14.6%，2019年1月3日高股息率股及破净股比例均处于底部区间。

综上，从"否极泰来"第一个熊底静态维度来看，有十二大指标符合底部特征，四大指标趋势符合底部特征，综合判断2019年1月3日的A股符合底部特征。

进一步地，从第二个熊底动态维度来看，2019年1月3日的A股符合典型的熊市底部动态路径演绎。以2005年、2008年、2010～2014年A股典型底部复盘经验来看，股市熊市底部往往沿着"政策底—估值底或股价底—经济底或盈利底"的路径传导。

2018年熊市政策底于2018年7月出现，估值底或股价底于2019年1月初同步出现，经济底或盈利底于2019年第3季度出现，符合典型的熊市底部动态路径演绎。

2001～2005年熊市、2008年熊市、2010～2014年熊市和2018年熊市底部对比如表2-4所示。

表2-4　历次熊市政策底、估值底、股价底和经济底节点及间隔

	政策底	估值底	股价底	经济底	政策底到股价底	估值底到股价底	股价底到经济底
2005年熊市	2005年1月24日	2005年3月	2005年6月	2005年第3季度	4个月	2个月	2个月
2008年熊市	2008年9月15日	2008年10月	2008年10月	2009年第1季度	1个半月	同步	4个月
2010～2014年熊市	2013年6月21日	2011年12月	2013年6月28日	2016年第1季度	1周	18个月	32个月
2018年熊市	2018年7月20日	2019年1月3日	2019年1月3日	2019年第3季度	5个月	同步	7个月

注：2018年熊市股价底时的2440点出现在2019年1月4日内，此处以收盘价为基准。

资料来源：Wind，广发证券策略团队。

（1）熊市政策底往往领先于股价底　2005年熊市、2008年熊市和2010～2014年熊市的政策底基本领先于股价底，领先时间在1周至4个月不等，2018年熊市政策底领先于股价底约5个月，比历史最长期间多1个月。

（2）估值底与股价底滞后于政策底，估值底与股价底往往同步出现　2018年熊市估值底与股价底滞后于政策底5个月出现，并且是同步出现，与历史多数经验较为一致。2005年熊市

估值底与股价底基本同步，2008年估值底和股价底同步，只有2010～2014年熊市估值底明显领先于股价底出现。

（3）熊市经济底或盈利底最为滞后　2005年熊市、2008年熊市和2010～2014年熊市的底部，经济底或盈利底均滞后于股价底。通过对比历次熊市底部动态路径演绎，站在2019年初，能预判2018年熊市经济底或盈利底将滞后于股价底，而2018年熊市实际经济底或盈利底于2019年第3季度出现，经济底或盈利底确实滞后于股价底，与历史经验一致。

从"否极泰来"方法论的第三个熊转牛驱动力维度来看，2018年熊市熊转牛的核心因素与历史上的相同，皆为贴现率驱动熊转牛。历史经验表明，贴现率是A股走出熊市底部的核心因素，流动性改善在大多数情况下也将传导至经济和企业盈利，夯实后续行情。2005年熊市熊转牛是由于货币政策转向与股权分置改革驱动贴现率下行，夯实后续经济增长与企业盈利上行。2008年底熊转牛是由于货币政策"双降"与"四万亿"强财政先驱动贴现率下行，后传导至实体改善盈利。2014年熊转牛是由于无风险利率下行，后续风险偏好提升接力。2019年初，A股DDM三要素均出现了明显的改善，广谱利率下行，流动性持续改善，中美关系改善及去杠杆缓和进一步改善风险偏好，信用扩张改善盈利预期。这三者均推动贴现率下行，估值扩张，从而驱动A股熊转牛。因此，本质上A股历史上的牛市初期都是贴现率驱动为主，后续等待经济增长和企业盈利改善夯实行情。

2.3.3 结构判断:"否极泰来"对宽基指数底的判断

除了用于 A 股大势研判,"否极泰来"方法论同样适用于对宽基指数底部的判断。为了进一步把目标颗粒化,我们将"否极泰来"方法论精简至十三大指标,从而使得该方法论更加适用于宽基指数。如表 2-5 所示,我们以二十大指标为基础,重新提出十三大对宽基指数底部区域有指示效用的精选指标。在判断标准上,每个指数、每一个指标的判断方法均保持一致,但会针对每一个指数的特性,在 13 个指标的底部区域判断阈值上做微幅调整,从而寻找到最适合的底部区域判断标准。

表 2-5 "否极泰来"方法论在宽基指数上的应用

	观察指标	对应到达大底时特征、条件或标准
资产联动指标	股债相对回报率	股债相对回报率滚动百分位达到阶段相对高位
市场技术指标	指数月线突破月线 MA5	大底过后,月线持续在月线 MA5 上方,行情走强
	日均换手率	日均换手率滚动百分位达到阶段相对低位
	指数日均跌幅	日均跌幅相比底部前 3 个月明显放大,环比变化先升后降
	下跌公司占比	底部前 1 个月 A 股下跌公司占比大幅上升,而后 1 个月占比大幅下降
	200 日均线以上个股占比	该比例自底部前显著降低,底部后回升
	指数偏离年线幅度	底部前 1 个月处向下偏离年线,大底后有所收敛
	涨停家数和跌停家数比例	大底后 1 个月该比例相较大底前 3 个月和前 1 个月均有大幅提升
市场行为指标	流动性	流动性位于阶段底部

（续）

观察指标		对应到达大底时特征、条件或标准
估值指标	PE	PE滚动百分位达到阶段相对低位
	PB	PB滚动百分位达到阶段相对低位
	高股息率股	绝对数量及相对占比达到阶段相对高位
	破净股	绝对数量及相对占比达到阶段相对高位

资料来源：Wind，广发证券策略团队。

下面我们运用"否极泰来"方法论分析市场上典型的9大宽基指数：上证综指、上证50、沪深300、创业板指数、中证500、大盘价值、小盘价值、大盘成长、小盘成长。根据历次宽基指数到达大底区域时"否极泰来"方法论13大指标的匹配情况，我们发现，当13大指标符合比率高于60%时，指向指数的赔率往往处于极值位置，赔率具有强吸引力，宽基指数处于大底区域。从历史经验数据来看，"否极泰来"方法论在判断宽基指数底部区域方面有着较好的效果，如表2-6所示，仅在2016年初的市场底部短暂失效。

表2-6　2022年4月26日"否极泰来"方法论对宽基指数的验证

小盘成长		2012年12月4日	2013年6月25日	2016年1月27日	2019年1月3日	2022年4月26日
资产联动指标	股债相对回报率	符合	不符合	不符合	符合	符合
市场技术指标	指数月线突破月线MA5	符合	符合	不符合	符合	不符合
	日均换手率	符合	不符合	符合	不符合	不符合
	指数日均跌幅	符合	符合	符合	符合	符合
	下跌公司占比	符合	符合	符合	符合	符合
	200日均线以上个股占比	符合	不符合	不符合	符合	不符合

（续）

	小盘成长	2012年12月4日	2013年6月25日	2016年1月27日	2019年1月3日	2022年4月26日
市场技术指标	指数偏离年线幅度	不符合	不符合	符合	符合	符合
	涨停家数和跌停家数比例	不符合	符合	不符合	符合	符合
市场行为指标	流动性	符合	符合	不符合	符合	符合
估值指标	PE	符合	不符合	不符合	符合	符合
	PB	符合	不符合	不符合	符合	符合
	高股息率股	不符合	不完全符合	符合	符合	符合
	破净股	不符合	不符合	不符合	符合	符合

资料来源：Wind，广发证券策略团队。

而2016年初方法论失效的原因是：市场各指数虽未到达"极端便宜"，但盈利大幅反转带来胜率决定性改善，赔率不再是强约束条件。2016年初，A股整体以及各类宽基指数虽然已经处于较为便宜的位置，但距离"极端便宜"仍有距离，因此"否极泰来"方法论下各宽基指数的指标匹配率均较低。当时，A股盈利增速触底上行，房地产行业各类数据明显反转且随后持续在高位，分子端的盈利以及分母端的盈利预期得到显著改善，A股胜率反转。对于宽基指数来说，"否极泰来"方法论是单纯的赔率指标，对于底部区域的判断是"充分非必要"指标。2016年初A股盈利迎来反转，胜率发生了显著的触底反弹，因此不需要赔率到达极其吸引的位置，市场便开始了反弹。

落实到具体应用上，"否极泰来"方法论能在2022年5月成功判断2022年4月26日小盘成长符合底部特征。在2022年4月26日的A股低点中，小盘成长、沪深300、中证500、小盘价值、上证综指和创业板指数6大指数的"否极泰来"方法论指标赔率满足率均超过60%，符合大型底部条件。其中，小盘成长的赔率处于非常便宜的位置，足有81%的指标符合底部条件，具有最明显的底部特征。

具体而言，2022年4月26日，从资产联动指标、市场技术指标、市场行为指标和估值指标等四个角度的市场静态特征来看，小盘成长指数已经具备明显的底部特征，十三大指标中已有十大指标指向赔率的吸引位置。其中，资产联动指标中的股债相对回报率在2022年4月26日的3年滚动分位数已超98%，见底特征明显。市场技术指标中，指数偏离年线幅度、指数日均跌幅、下跌公司占比、涨停家数和跌停家数比例符合底部特征。从指数偏离年线幅度来看，市场底部附近，小盘成长指数点位均向下偏离年线。2022年4月26日，小盘成长指数符合该底部指标。从小盘成长指数日均跌幅看，底部形成前1个月，指数日均跌幅在-0.3%至-1.3%，且相比前3个月、前6个月跌幅均有所放大，同时在底部右侧1个月，指数由跌转涨。由此可得，2022年4月26日前1个月小盘成长指数日均跌幅有所放大，并在底部后明显反转。从下跌公司占比来看，小盘成长指数前几轮熊市底部前最后1个月市场下跌公司占比相比此前3个月、前6个月均明显放大，底部后1个月明显下降至低于底部前的水平。2022年4月26

日小盘成长底部前 1 个月，市场下跌公司占比达到 61%，较前 3 个月、前 6 个月明显扩大。从涨停家数和跌停家数比例（涨跌停比）来看，大底后 1 个月涨停家数和跌停家数比例相较大底前 3 个月和前 1 个月均有大幅提升。2022 年 4 月 26 日，小盘成长涨跌停比在底部前逐渐下行并在底部后显著反转，符合该指标的底部特征。综上，小盘成长在市场技术指标中共有 4 项指标符合底部特征。市场行为指标中，小盘成长的流动性符合底部特征。根据历史经验，大底附近周度日均成交额一般处于区间底部。A 股小盘成长 4 次大底中，成交额均有显著下降。2022 年 4 月 26 日，日均成交额较前 6 个月、前 3 个月、前 1 个月分别下降 7.0%、7.4%、3.6%，处于成交额区间底部。最后，从估值指标来看，各项指标，即 PE、PB、高股息率股与破净股均符合底部特征。2022 年 4 月 26 日小盘成长指数 PE 仅为 6.6 倍，3 年滚动 PE 分位数仅为 2.5%，PB 仅为 0.76 倍，3 年滚动 PB 分位数仅为 1.3%，均处于极低位置。2022 年 4 月 26 日小盘成长高股息率的股票数量为 171 只，占比 3.6%，破净股数量为 562 只，占比 11.8%，高股息率股比率与破净股比率显著高于历史熊市底部区间，满足底部特征。

小盘成长在 2022 年 5 月以后的走势确实印证了 2022 年 4 月 26 日为底部，验证了"否极泰来"方法论在宽基指数底部的判断上同样具有准确性和适用性。

2.4 微观结构：历史与影响

传统策略研究框架即 DDM，在大多数时候对于 A 股研判都是行之有效的。由于 DDM 三要素的分析并未包含市场"微观结构"的分析，因此当市场"微观结构"要素主导股价时，DDM 三要素或短暂失效。"微观结构"本质上指的是市场参与者的结构及其行为。本节我们主要向投资者介绍，A 股的"微观结构"如何，"微观结构"理论如何作为 DDM 三要素的补充帮助投资者进行大势研判。

2.4.1 微观结构分析

一个市场的投资者结构特征，会赋予这个市场相应的特性。A 股是一个仅有三十余年历史的年轻的权益市场，仍然在蓬勃地快速发展当中，而 A 股的参与者结构也在持续地"进化"。我们试图通过整体视角、投资者偏好视角、行业影响力视角共三大视角，全面梳理 A 股机构投资者结构自 2012 年至今的变化。首先，从整体视角跟踪 A 股投资者结构变化；其次，从投资者偏好视角分析各类投资者在行业板块间的配置比例；最后，从行业影响力视角分析不同行业内各类投资者持仓占比。

2012 年以来各类机构投资者持仓流通市值规模如图 2-7 所示。从整体视角来看，市场机构投资者中公募基金、保险公司持仓占比最高。无论从总市值还是流通市值来看，2012 年以来各类机构投资者持仓 A 股规模均扩大，其中外资增幅最为显著，2021 年底持仓规模为 2012 年底的 13.5 倍。同时，外资和公募基金的市场影响力持续扩大，自 2012 年至 2021 年，外资和公募基金持仓总市值和流通市值占比均不断扩大，保险公司影响力减弱。

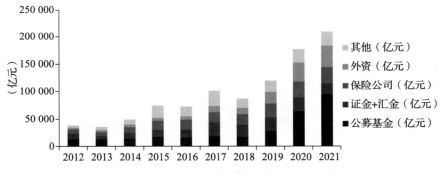

图 2-7　各类机构投资者持仓流通市值规模

注："其他"包括券商、信托公司、社保基金、企业年金、银行持股、财务公司及阳光私募，数据统计时间截至 2021 年 12 月 31 日。

资料来源：Wind，广发证券策略团队。

各类投资者对各申万一级行业的持仓比重如表 2-7 所示。从投资者偏好视角来看，A 股主要投资者中，外资与公募基金持股风格相似，而保险公司偏好金融。外资与公募基金均重仓成长与消费板块。不同之处在于公募基金对于成长、周期的偏好更为显著，而外资则对于家电、银行等消费、金融的偏好更强。保险公司则青睐金融板块，重仓银行与非银金融。

表 2-7 各类投资者对各申万一级行业的持仓比重（%）

行业	外资	公募基金	保险公司	券商	社保基金	企业年金	信托公司	一般法人	阳光私募	银行	券商理财产品	财务公司	非金融
电力设备	16.11	18.83	1.94	4.23	5.68	16.18	0.61	5.93	7.00	0.00	11.20	0.00	6.61
食品饮料	13.40	16.07	0.63	1.90	1.92	9.05	0.38	10.63	12.33	0.00	13.75	0.00	2.01
医药生物	9.45	9.97	0.68	11.03	5.47	5.44	0.54	6.99	11.17	2.61	9.48	0.00	5.32
银行	6.79	2.87	36.75	8.10	38.83	0.00	18.65	12.09	0.18	3.29	3.15	0.00	10.01
电子	5.36	8.55	0.82	5.89	5.44	17.01	0.00	5.87	7.85	0.00	10.00	0.00	1.08
家用电器	5.19	2.14	0.23	0.44	0.27	0.00	0.00	1.96	0.87	0.00	1.25	0.00	1.05
非银金融	4.59	1.00	43.48	19.68	6.36	0.00	66.22	5.66	1.52	6.58	4.12	30.55	21.34
机械设备	4.42	2.23	0.32	3.84	3.35	9.99	0.10	2.97	9.74	11.09	4.92	0.00	3.55
计算机	3.33	3.07	0.72	10.55	2.89	14.48	0.07	3.03	8.15	0.15	2.70	0.00	8.45
基础化工	3.25	3.54	0.66	3.87	4.60	10.95	1.63	2.96	5.23	58.01	3.84	0.00	2.03
汽车	3.03	4.08	0.45	4.23	2.57	0.00	1.18	4.02	4.22	3.20	3.00	9.67	9.00
建筑材料	3.01	0.62	0.76	1.70	1.88	0.00	0.00	1.18	0.70	0.00	1.34	0.00	0.67
交通运输	2.84	2.77	0.69	0.95	5.62	0.00	1.78	4.67	1.58	4.38	0.20	7.35	4.75
有色金属	2.57	4.40	0.62	2.94	2.72	7.86	0.36	2.92	6.28	0.88	3.41	0.00	2.07
公用事业	1.87	0.69	3.43	2.13	1.51	0.00	0.54	4.20	1.92	1.82	1.34	1.97	9.65
商贸零售	1.85	1.68	0.68	0.61	0.08	0.00	0.00	1.77	1.41	0.43	1.56	25.54	0.41
传媒	1.58	0.54	0.15	1.78	0.68	0.00	0.35	1.37	1.91	0.00	1.81	0.00	0.74

行业													
农林牧渔	1.27	1.87	0.06	1.25	0.39	0.00	0.00	1.21	1.33	0.03	1.17	0.00	0.18
房地产	1.25	2.76	4.08	0.47	0.97	0.00	0.79	2.55	1.90	0.03	0.71	0.00	1.30
钢铁	1.23	0.71	0.08	0.84	0.84	0.00	6.42	1.59	0.50	3.28	0.94	0.00	0.12
轻工制造	1.23	0.68	0.22	2.49	0.96	7.25	0.00	0.83	1.13	0.00	2.79	0.00	0.17
国防军工	1.19	4.58	0.52	3.31	2.27	0.00	0.00	2.77	3.01	0.00	7.01	24.91	1.16
石油石化	1.03	0.86	0.35	1.73	0.22	0.00	0.00	4.95	2.39	0.00	0.18	0.00	3.42
建筑装饰	0.96	0.56	0.21	1.43	0.46	0.01	0.00	2.44	1.39	0.00	1.18	0.00	1.29
煤炭	0.89	1.39	0.06	1.86	0.80	0.00	0.37	2.39	0.89	1.72	3.76	0.00	0.90
社会服务	0.79	0.94	0.07	0.26	0.65	0.64	0.00	0.43	0.52	0.00	1.61	0.00	0.08
通信	0.70	1.27	1.04	0.88	1.07	0.00	0.00	0.91	1.05	0.00	0.73	0.00	1.11
美容护理	0.50	0.85	0.02	0.04	0.27	1.14	0.00	0.18	0.38	0.81	1.33	0.00	0.16
环保	0.17	0.26	0.13	0.41	0.73	0.00	0.00	0.78	0.89	0.24	0.17	0.00	1.13
纺织服装	0.13	0.23	0.05	1.01	0.50	0.00	0.00	0.59	2.22	1.00	1.36	0.00	0.09
综合	0.02	0.01	0.12	0.16	0.00	0.00	0.00	0.17	0.34	0.46	0.01	0.00	0.16
纵向加总	100	100	100	100	100	100	100	100	100	100	100	100	100

注：数据截至 2021 年 12 月 31 日。

资料来源：Wind，广发证券策略团队。

具体来看，外资的口味呈现消费板块＞成长板块＞金融板块≫周期板块的特点。外资对消费板块持仓占比最高，着重配置食品饮料、医药生物，家用电器逐年下降但仍较高；对成长板块偏好逐年提升，电力设备持仓占比自 2019 年以来快速上行；对金融板块也较为重视，但趋势性减持非银金融；对周期板块配置较少，但近年来持续增配机械设备和基础化工。

公募基金的行业喜好呈现成长板块＞消费板块＞周期板块＞金融板块的特点。成长板块中，公募基金偏好电力设备与电子行业，近年来快速增配电力设备；消费板块中，对食品饮料和医药生物持续高配置，近年来快速增配汽车，减配家用电器；周期板块中，对有色金属、基础化工配置持续上行，房地产配置持续回落；对金融板块的配置较低，且处于持续回落的趋势当中。

从行业影响力视角来看，一类投资者的持仓在某行业的流通市值占比越高，其对该行业的股价影响力越大，话语权越大。不同行业内各类投资者持仓量占行业流通市值的比重如表 2-8 所示。

从机构类别来看，大多数行业之中，除一般法人（大多数是原始大股东）外，公募基金的话语权往往最强，其次是外资，再次是保险公司，其余类别的投资者对于行业市场表现的话语权相对都较小。外资在消费、制造板块的影响力较强，公募基金则是在除金融和部分周期板块外具有较为全面的影响力，而保险公司则在大金融板块有强大的影响力。

表 2-8 不同行业内各类投资者持仓量占行业流通市值的比重（%）

行业	外资	公募基金	保险公司	券商	社保基金	企业年金	信托公司	一般法人	阳光私募	银行	券商理财产品	财务公司	非金融
家用电器	8.96	7.90	0.19	0.02	0.06	0.00	0.00	37.85	0.14	0.00	0.08	0.00	0.43
电力设备	5.98	14.63	0.40	0.04	0.32	0.00	0.00	28.59	0.27	0.00	0.18	0.00	0.67
建筑材料	4.57	4.06	0.99	0.10	0.67	0.00	0.00	35.89	0.17	0.00	0.13	0.00	0.43
食品饮料	5.36	19.04	0.13	0.02	0.11	0.00	0.00	50.08	0.47	0.22	0.21	0.00	0.20
美容护理	6.12	14.01	0.12	0.01	0.39	0.00	0.00	22.92	0.38	0.03	0.54	0.03	0.41
商贸零售	3.92	8.34	0.82	0.03	0.03	0.00	0.00	49.92	0.32	0.00	0.14	0.00	0.25
社会服务	3.03	10.82	0.21	0.04	0.56	0.00	0.00	31.85	0.31	0.03	0.39	0.00	0.12
医药生物	3.78	10.66	0.15	0.11	0.32	0.00	0.00	35.36	0.46	0.26	0.16	0.00	0.57
机械设备	3.72	4.60	0.14	0.08	0.42	0.01	0.34	31.67	0.84	0.00	0.17	0.00	0.80
电子	2.72	9.87	0.20	0.07	0.36	0.00	0.00	32.99	0.36	0.00	0.18	0.00	0.13
计算机	2.80	5.89	0.31	0.21	0.34	0.00	0.00	30.32	0.66	0.24	0.09	0.00	1.79
钢铁	2.16	3.08	0.11	0.06	0.33	0.00	0.70	52.80	0.14	0.00	0.10	0.00	0.08
轻工制造	2.93	5.32	0.35	0.19	0.42	0.01	0.15	31.41	0.34	0.10	0.34	0.01	0.14
非银金融	2.39	5.27	12.29	0.26	0.49	0.00	0.01	37.48	0.08	0.04	0.09	0.00	2.99
银行	2.49	5.13	7.66	0.08	2.22	0.00	0.02	59.13	0.01	0.00	0.05	0.00	1.03
传媒	2.80	3.33	0.15	0.08	0.19	0.00	0.00	32.64	0.37	0.08	0.14	0.00	0.37
汽车	2.43	8.20	0.21	0.09	0.32	0.00	0.00	43.09	0.37	0.00	0.10	0.00	2.04
农林牧渔	2.42	7.65	0.07	0.07	0.13	0.00	0.00	33.70	0.30	0.00	0.11	0.00	0.11

（续）

行业	外资	公募基金	保险公司	券商	社保基金	企业年金	信托公司	一般法人	阳光私募	银行	券商理财产品	财务公司	非金融
基础化工	2.17	5.38	0.28	0.08	0.54	0.00	0.03	29.78	0.43	1.29	0.13	0.00	0.43
交通运输	2.89	6.85	0.38	0.02	0.85	0.00	0.04	60.64	0.17	0.13	0.01	0.00	1.30
公用事业	2.72	3.35	1.95	0.06	0.24	0.00	0.01	55.93	0.21	0.05	0.06	0.00	2.71
有色金属	2.44	9.42	0.33	0.07	0.40	0.00	0.01	36.80	0.64	0.02	0.14	0.00	0.55
通信	2.23	6.69	1.47	0.06	0.42	0.00	0.00	30.05	0.28	0.00	0.08	0.00	0.78
煤炭	2.57	10.06	0.07	0.11	0.27	0.00	0.02	67.61	0.20	0.11	0.35	0.00	0.54
房地产	1.86	9.47	3.23	0.02	0.21	0.00	0.02	47.29	0.28	0.00	0.04	0.00	0.51
建筑装饰	1.89	3.72	0.20	0.06	0.12	0.00	0.00	52.91	0.24	0.00	0.08	0.00	0.59
石油石化	1.24	5.90	0.23	0.05	0.04	0.00	0.00	77.51	0.30	0.00	0.01	0.00	1.13
国防军工	1.10	13.02	0.32	0.10	0.39	0.00	0.00	40.61	0.36	0.00	0.33	0.01	0.36
环保	0.68	2.42	0.29	0.04	0.44	0.00	0.00	40.08	0.37	0.03	0.03	0.00	1.22
纺织服饰	0.66	3.07	0.14	0.13	0.37	0.00	0.00	37.54	1.14	0.14	0.28	0.00	0.12
综合	0.31	0.34	1.11	0.07	0.00	0.00	0.00	38.15	0.60	0.22	0.00	0.00	0.73

注：表格中，外资为截至2022年10月21日的数据，公募基金为截至2022年9月30日的数据，其余为截至2021年12月31日的数据。

资料来源：Wind，广发证券策略团队。

具体来看，在消费板块中，虽然外资整体体量不如公募基金，但外资对消费板块的偏好，使得外资对部分消费板块（如家用电器、商贸零售）的影响力可以与公募基金媲美。在整个成长板块中，公募基金的话语权均显著强于外资，而保险公司对成长板块鲜有配置（如通信、电子、传媒）。对于金融板块，保险公司影响力最大，无论对于银行还是非银金融来说，影响力排序均为保险公司 > 公募基金 > 外资。在周期板块（如机械设备、基础化工、有色金属、煤炭、石油石化）中，公募基金影响力仍然最大。

从时间维度来看，外资和公募基金在各行业内的影响力也在发生变化，反映出不同行业内投资者结构的转变。

其中，外资对各行业的影响力在 2021 年末达到顶峰。2017 年以来，外资持仓量占各行业流通市值的比重均不断增大，影响力在 2021 年达到顶峰。进入 2022 年以后，外资对少部分行业的影响力有所增强，但对大部分行业的影响力微幅下降。外资在消费板块的影响力扩容最为显著，成长板块次之。

2012 年至今，公募基金在各行业内的影响力呈现先下降后上升的阶段性特征。2012 ~ 2017 年，公募基金对各行业持仓量占行业流通市值的比重呈现不断下降的趋势。2018 ~ 2021 年，公募基金对各行业持仓量占行业流通市值的比重不断增大。但进入 2022 年，公募基金在大多数行业的持仓量占流通市值比重均有所下降。

2.4.2 微观结构恶化

在微观结构方面,除了投资者结构的改变外,不同类型交易者的预期变化引起的微观结构恶化也会对 A 股市场产生较大的影响,所以我们对此也展开了深入的研究。

"微观结构恶化"描述的是市场对局部领域预期过于一致并且市场上最乐观的筹码均已入场或市场上最悲观的投资者已经离场的过程。可以用成交额排名前 5% 的个股的成交额占全部 A 股比重来衡量市场是否发生微观结构恶化。

股票上涨的过程是乐观预期逐步兑现和筹码逐步集中的过程。从微观结构来看,市场参与者对股票的内在价值有不同的预期,反映在交易中则是不同的报价,股票交易的实质是预期的交换,股价上涨的过程也是乐观筹码持续集中的过程。随着最乐观的投资者不断入场持股,其他投资者由于信息和逻辑的劣势很难比集中持筹者更加乐观,就会形成"微观结构恶化",表现为股价对利好的反应钝化,而对利空的反应加剧。

为什么会出现市场微观结构恶化?因为理性投资者和噪声投资者在交易上的趋同。金融市场交易者大致分为三类:一是理性交易者,通过研究与挖掘市场信息,获得对股票内在价值的"理性预期",并以此为基准买卖股票;二是噪声交易者(或者叫作非理性交易者),其交易往往不具备深度理性思考,具备羊群效应、盲目自信等特征;三是套利者,通过识别前两者的差异,在市场偏离时反向操作获得无风险或者低风险收益,进一步实现"价格发现"，成为保证市场向着有效方向发展的重要一环。正常情况下，三类交易者的天然分歧使得股票市场交易较为分散，股票的"有效"价格也在不断的交易过程中通过博弈形成。但当理性交易者和噪声交易者之间的分歧减小，在交易上进一步趋同时，市场微观交易环境出现了非正常的"拥挤"状况，市场交易方向的过分一致导致部分股价偏离内在价值，即市场微观结构恶化。在市场微观结构恶化后，由于原方向过于拥挤，对手方出现"缺失"，市场往往会发生显著的反转或风格切换。我们将在下文通过"四阶段"模型进一步阐述市场微观结构恶化的市场机理。

2.4.3 微观结构恶化四阶段模型

市场微观结构恶化四阶段模型，如图 2-8 所示，充分阐述了市场微观结构恶化时的市场微观结构演绎逻辑。

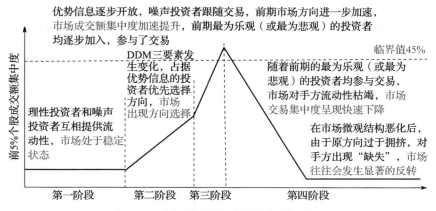

图 2-8 市场微观结构恶化四阶段模型

资料来源：Wind，广发证券策略团队。

第一阶段：市场稳定，理性投资者和噪声投资者互相提供流动性，市场尚未选择方向，处于稳定状态。

第二阶段：DDM 三要素发生变化，占据优势信息的投资者优先选择方向，市场出现方向选择（结构性上涨或下跌，市场不同风格演绎）。

第三阶段：优势信息逐步开放，噪声投资者跟随交易，前期市场方向进一步加速，风格演绎进一步加强。在这一阶段，市场成交额集中度加速提升，前期的最为乐观（或最为悲观）的投资者均逐步加入，参与了交易。"热门股"现象在这一阶段显著演绎。

第四阶段：随着前期的最为乐观（或最为悲观）的投资者均参与交易，市场对手方流动性枯竭，具体表现为市场交易集中度呈现快速下降。在市场微观结构恶化后，由于原方向过于拥挤，对手方出现"缺失"，市场往往会发生显著的反转或风格切换，"热门股"现象在此阶段瓦解。此时市场的方向选择取决于 DDM 是否发生显著变化。如 DDM 三要素发生反转，则发生牛熊转换：若市场前期最为乐观的投资者均已入场交易，DDM 三要素转变下的市场发生牛转熊（2007 年 11 月、2018 年 2 月）；若市场前期最为悲观的投资者均已离场，则 DDM 三要素转变下的市场发生熊转牛（2008 年 10 月）。如 DDM 三要素并未发生显著变化，投资者则向不拥挤但同样具备"乐观前景"的土壤扩散，市场发生风格切换（2015 年 1 月）。

2.4.4　微观结构恶化的历史与影响回顾

在 A 股历史上的 4 次微观结构恶化里，有 2 次微观结构恶化后市场进入牛市或维持在牛市之中，且均发生了风格切换。2008 年 10 月，市场微观结构恶化后迎来"熊转牛"。2015 年 1 月，市场微观结构恶化未带来牛熊转换，但发生显著风格切换。

2008 年初开始，金融危机持续发酵，全球悲观情绪不断蔓延，中国基本面也出现持续恶化，GDP 增速下跌，PMI 落至荣枯线以下，出口金额增长率也跌至 20% 的敏感线以下，市场情绪更加悲观，A 股的熊市呈现进一步加速下跌。10 月，A 股前 5% 个股成交额集中度急速上行至 48.8%，超过 45% 的临界值，市场微观结构恶化。彼时，对于市场的悲观预期被理性交易者和噪声交易者所共同接受，"拥挤"地交易悲观预期，市场最悲观的交易者纷纷离场，悲观交易演绎到极致。11 月初，"四万亿"刺激政策的出台，使得 DDM 分子端和分母端共同逆转。在分子端，"四万亿"刺激政策，叠加对房地产行业的宽松政策频出，盈利改善显现；在分母端，降准和降息等政策叠加企业盈利预期大幅改善，带动风险偏好和流动性显著好转。在 DDM 三要素显著改善后，市场开始由熊转牛，同时，随着市场微观结构恶化，最悲观的投资者都已经"拥挤"地交易离场，市场风格向小盘转向，建筑材料、电力设备、机械设备等当时以小盘股为主的周期行业领涨。

2014 年，中国人民银行（简称"央行"），运用 MLF、SLO、SLF 等多种政策工具调节流动性，并于 11 月 21 日重启降息操作，为市场注入一剂强心剂。降息之后，市场情绪升温，股市的赚钱效应吸引了大量新增投资者入场，带来增量资金。2014年11月至2014年年底，短短1个多月，市场快速上涨，上证综指上涨超30%，显著跑赢创业板指数。非银金融、建筑装饰、银行、钢铁、房地产等以大盘股为主的行业领涨。随着非银金融行业的快速上涨，市场上的理性交易者和噪声交易者都逐步认可大盘股的交易价值，均开始交易以金融行业为主的大盘股，交易逐渐变得拥挤，市场微观结构开始恶化。随着市场最乐观的投资者都涌入市场参与金融股的交易，2015年1月，前5%个股成交额集中度指标触及45%的高点，达到45.4%，市场微观结构恶化达到极致。彼时DDM三要素并没有发生显著的恶化，市场仍在充裕流动性打造的牛市当中。随着市场微观结构恶化，市场最乐观的投资者都已经拥挤在了金融股当中。在金融股对手方流动性枯竭后，市场中的交易者开始寻找不那么拥挤，但逻辑也仍在改善的小盘股。2015年1月后，大、小盘股相对走势明显转向，市场风格发生显著切换。在市场微观结构恶化结束后，计算机、传媒、通信等小盘科技行业领涨，而前期交易"拥挤"的金融股则领跌。

  A股历史上另外两次微观结构恶化后则是发生了"牛转熊"现象。2007年11月和2018年2月市场在发生微观结构恶化后呈现风格切换特征，大盘风格优势逆转，小盘风格转为占优，叠加DDM核心因素的明显恶化，市场由牛市转为熊市。

  2007年初，"盈利抬升＋流动性宽松"的经济基本面支撑大牛市行情，经济快速增长，流动性宽松进一步推动资产价格一路上行，叠加股权分置改革等政策利好，股市迎来大繁荣。进入下半年，理性投资者与噪声投资者对于大盘股的上涨形成较为一致的观点，加速交易大盘股。11月，成交额排名前5%的个股成交额达到48.8%。随着市场上最乐观的投资者均已入场交易大盘股，市场微观结构呈现了显著的恶化。在2007年末全球金融危机爆发前夕，A股DDM分子端和分母端发生反转，导致市场最终发生牛熊切换。在分子端，A股非金融行业盈利增速在2008年第1季度后转负，第2季度后GDP、采购经理指数（PMI）、出口增速呈断崖式下跌，企业盈利水平下降且投资者的盈利预期转为悲观；在分母端，2008年金融危机前后，央行密集加息加准，货币政策趋紧导致市场流动性收缩，同时海外金融危机蔓延激发悲观情绪导致市场风险偏好下行。在DDM三要素均发生逆转叠加市场微观结构恶化的背景下，2007年11月后，市场由牛转熊，大小盘相对风格逆转，具有明显大盘风格的银行、非银金融等行业跌幅居前。

2016～2017年，在供给侧结构性改革的背景下，A股迎来了持续两年的"盈利牵牛"，市场中的"乐观筹码"持续积累。2016年，A股企业逐步走出偿债周期，企业盈利开始持续修复。A股非金融行业的盈利增速于2016年第1季度重回0%的上方，并于2016年三季报起连续三个季度加速。2018年1月，在春季躁动下，市场加速上涨，理性投资者与噪声投资者的一致乐观预期在市场交易中交换，前5%个股成交额集中度达到46.5%，市场交易拥挤，微观结构恶化。此时，DDM 三要素发生了显著反转。在分母端，金融市场去杠杆带来持续的紧信用，资管新规下，股市流动性大幅降低，同时中美贸易摩擦导致风险偏好大幅下行；在分子端，在紧信用背景下，经济下行压力增大，GDP 出现较大回落，基础建设等领域增速显著下滑，内需疲软对企业盈利产生负面影响。DDM 三要素恶化叠加前期市场微观结构恶化，最乐观的投资者均已进场交易，市场发生牛转熊，风格发生了切换，前期涨幅较高的钢铁、食品饮料等行业跌幅居前。

此外，2021 年初，A 股迎来了第五次市场微观结构恶化，市场出现比较大的反转，但由于 DDM 三要素无显著恶化，因此市场主要还是以风格切换为主。根据 DDM 三要素，从分子端来看，"疫苗交易"继续改善全球经济修复预期，从分母端来看，美日欧央行表态延续低利率，美联储主席鲍威尔发表鸽派言论，因此反映美国货币政策预期的短端利率波动并不明显。而 A 股在 2021 年春节后的流动性并未显著收敛，DR007⊖略有回升，升至 2.2%，幅度平稳。边际变化更大的是美国实际利率而非名义利率。"疫苗交易"与"美国实际利率上行"的组合，实际上对全球贴现率下行的远端现金流品种，形成了一次压力测试。并且，市场微观结构恶化，市场局部高估但整体并未高估，截至 2020 年底，富时中国 A150 的全动态 PE 估值已显著突破 10 年以来均值 +1 倍标准差

⊖ 银行间存款类金融机构以利率债为质押的回购利率（7 天期）。

的上限并不断上移,随着市场微观结构恶化,"A150"估值遭受剧烈挤压,而 A 股非金融剔除 A150 的估值水平并不算高,仍处于 10 年以来均值下方。随着经济修复确定性抬升,A 股更广泛的顺周期行业与中小市值公司业绩改善受益,因此,A 股呈现的是"盈利修复后期 + 信用紧缩前期","微观结构恶化"带来的是风格切换而非牛熊切换。

小结

本章我们聚焦的是策略研究中的大势研判,也就是策略研究中需要回答的第一个关键问题——如何判断未来的市场是涨是跌?这一判断需要经过系统综合分析与多要素权衡,我们将此概括为四大维度:①盈利框架,聚焦 DDM 分子端的业绩;②估值体系,聚焦 DDM 分母端估值;③底部框架,综合市场赔率或胜率变化情况识别底部区域;④微观结构,聚焦市场参与者的结构及其行为。在做好大势研判之后,我们将在后续章节中开始回答策略研究中的第二个关键问题——未来一段时间市场买什么?首先,我们需要对市场风格做出研判,详见第 3 章。

| 第 3 章 |

风格研判：大势之下的风向标

风格研判是继大势研判之后，A 股策略研究需要解决的第二个关键问题。如果说大势研判主要关注"看涨看跌"问题的话，那么，风格研判主要解决的是"买大还是买小"以及"价值还是成长"的选择问题。在进行风格研判的时候，我们主要聚焦两个维度的思考：首先，如何定义风格？其次，如何判断不同风格的适用条件？

3.1 风格研判：误区与本质

在本节中，我们首先对 A 股历史上"价值与成长"的轮动规律以及"大盘与小盘，成长与价值"的风格划分方法做简要介绍，在此基础上引出我们风格研判的基本框架——景气度 + 信用 + 货币三因子分析方法结合"胜率 – 赔率"框架。具体而言，胜率角度主要观察"景气度、信用、货币"三大核心要素倒向哪种风格，赔率角度主要观察各风格的估值指标和技术面指标等，在此过程中我们会穿插 A 股历史上的经典案例以便读者理解。完成本节的框架介绍后，我们将在本章的后三节中对此框架做实战性检验并做进一步延伸。

3.1.1 风格轮动："价值与成长"风格约每隔 3 年切换一次

目前 A 股市场比较"约定俗成"的是将股票风格划分为价值和成长两类，价值风格一般是指金融、房地产和周期等低估值板块，而成长风格一般是指消费、科技和新能源等高估值板块。更进一步地，A 股投资者在进行"价值与成长"风格研判的时候，还会加入"大盘与小盘"同步进行判断，因此可以将 A 股风格进一步划分出 4 类，分别是大盘价值（以金融和房地产为主）、小盘价值（以资源和制造为主）、大盘成长（消费和新能源）和小盘成长（TMT）。

过去 10 年的经验数据显示，A 股的风格基本是每隔 3 年左右会有一次大的"价值与成长"切换，如图 3-1 所示。2013～2015 年成长风格持续占优，2016～2018 年价值风格持续占优，2019～2021 年成长风格持续占优，2022 年初以来价值风格再次开始占优。

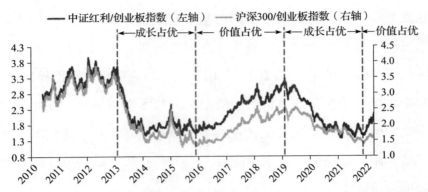

图 3-1　过去 10 年的经验显示，A 股风格大概每 3 年会有一次大的切换
资料来源：Wind，广发证券策略团队。

由于 2019～2021 年成长风格持续占优已深入人心，因此部分投资者对于 2022 年以来的风格切换有点"无所适从"。那么，风格的决定因素到底是什么？如何基于景气度、信用和货币等要素来判断风格？我们尝试从风格研判的景气度＋信用＋货币三因子分析方法结合"胜率－赔率"框架，对 A 股市场风格进行研判。

3.1.2　风格研判： 景气度＋信用＋货币三因子分析方法与"胜率－赔率"框架

A 股风格的讨论主要有两个维度：大盘与小盘，成长与价值。决定风格的根基依然是 DDM，围绕业绩与贴现率的两端进行研判。用三个关键词来概括，主要是景气度、信用、货币。

在 DDM 基础上，风格选择使大多数投资者站在了"相对占优"的一方。其背后是"相对业绩优势""相对宽信用方向""相对的流动性敏感度"，预期差理论依然有效。相对业绩优势由产业政策、经济产业周期共同决定；相对宽信用方向，反映了有限的社会与金融资源投入的领域；相对的流动性敏感度，由不同板块估值特征对利率环境的敏感度所决定。

景气度、信用、货币是影响风格的核心变量；资金、监管、估值是辅助判断指标，如图3-2所示。我们常说"便宜不是买入的理由"，是建议站在"胜率–赔率"的框架下辨识风格。历史每一轮大级别的风格切换，都是在赔率和胜率双重占优下，市场的天平再平衡的过程。

图 3-2　影响风格的核心变量是景气度、信用、货币三要素
资料来源：Wind，广发证券策略团队。

同时，我们也需要结合"胜率–赔率"框架具体研判风格走势。

以 2022 年 A 股风格从成长切换到价值为例：

从胜率角度来看，2022 年上半年基本处于企业盈利下行的后期，大盘股相对业绩优势有望逐渐显现，而利率将进入磨底阶段。根据我们对历史上大盘价值中期占优的复盘，大盘相对于小盘的业绩比较优势是推动风格转向的基础，随后的利率抬升则对风格进行强化。因此从超额收益的角度看，2022 年上半年大盘价值的胜率将逐渐回归，2021 年底就是相对较好的逢低布局时点。

从赔率的角度，大盘价值在 2021 年底具备吸引力。价值相对于成长估值处于历史低位，大盘相对于小盘的赔率也开始低位修复。而在股权风险溢价和股债性价比方面，大盘价值的赔率优势在所有风格中都较为突出。

为了捋清 A 股风格的研判框架，我们以 2022 年初 A 股风格"从成长到价值"的切换为例，进一步具体分析景气度+信用+货币分析方法以及"胜率-赔率"框架在风格研判领域的应用。

1. 景气度：相对业绩优势很重要但为后验指标，要提前把握产业周期的发展方向

中期来看，相对业绩优势对风格有较强的导向作用。如图 3-3 所示，2013～2016 年，成长风格（以创业板指数为代表）的盈利状况比价值风格（以沪深 300 为代表）更好，所以在股价表现上也是成长风格更好一些；2016～2018 年，价值风格盈利占优，股价表现也是价值占优；2019～2021 年，成长风格盈利占优，股价表

现上也是成长占优。但同时我们也需要提醒，相对业绩优势虽然重要，但它是一个后验指标，也就是对于业绩优势倒向哪边我们需要提前判断才可以。

图 3-3　中期相对业绩趋势与风格表现高度正相关
资料来源：Wind，广发证券策略团队。

需要说明的是，此处我们以通行的沪深 300 作为宽基指数中价值风格的代表，但沪深 300 最新成分股的风格分布已较为均衡。根据 2021 年 12 月最新调整的成分股，目前沪深 300 的前几名权重行业分别是：银行（13%）、食品饮料（12%）、电力设备（11%）、非银金融（10%）。

虽然相对景气度优势重要，但这在预判投资上并不容易，业绩优势倒向哪里其实是后验的，2022 年关于成长股和价值股的业绩谁更占优也存在一定的分歧。

2022年，我们讲基于单一景气度因子（业绩增速）的投资策略是不可持续的，因为景气度往往是后验的，且不看估值约束的高增长并不符合投资常识。从历史复盘来看，如果站在年初，基于盈利预测买高景气度预期并不能显著跑赢市场；站在年中，基于盈利预测买高景气度预期的胜率会有所提升，但依然不显著（说明中报更能清楚预测全年高增长）；站在年底回看，实现高景气度的行业能够跑赢市场，但这在实际操作上意义不大，高景气度往往是后验的。基于2022年美债中枢抬升与A股盈利回落，最优的策略是"业绩预测上修"的低PEG策略，这一策略的有效性在2022年初至今的市场表现得到验证。

因此，相对业绩优势的预判，更多基于对产业周期和产业政策的前瞻，中国产业政策周期存在2～3年的更迭，对产业景气周期起到牵引作用。2013～2015年和2019～2021年，产业政策支持战略性新兴产业、"专精特新"、高端制造、国产替代等不确定性强的高成长性产业；2016～2018年，产业政策支持煤炭、钢铁、石化等产能效率革新、促进经济发展、稳定性强的价值链条产业（如图3-4所示）。

中期产业周期的变化也是价值与成长类风格相对业绩优势的决定因素，大宗商品价格周期对价值板块的业绩优势起到辅助判断的作用。如2013～2015年的智能手机+移动互联网周期，以及并购放量对成长板块业绩的正向循环，2016～2018年"供给侧结构性改革"带来周期股业绩巨大改善弹性，2019～2021年"新

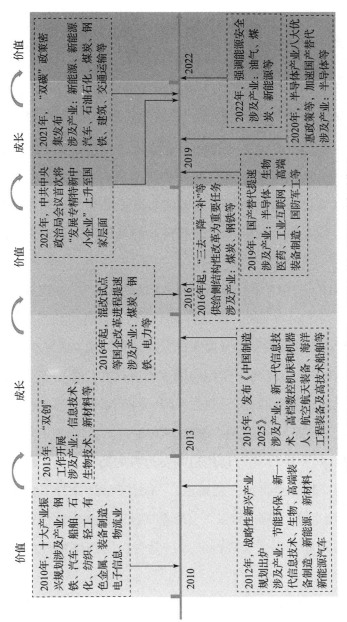

图 3-4 产业政策周期的更迭，对产业景气周期起到牵引作用

资料来源：Wind，广发证券策略团队。

能源 +"与半导体等国产替代的崛起。此外，大宗商品运行周期影响市场对于价值板块的业绩预期，对相对业绩优势及风格判断起到辅助作用。

2. 信用：重要的是要判断信用发力的方向，而不是社融的拐点

信用在总量上的扩张与否并不直接决定风格，决定风格的是信用发力的方向。相比总量，信用扩张的结构（方向）对 A 股风格的指示意义更强。信用的发力方向与产业趋势及政策导向，共同决定了市场会怎么判断未来这些行业的景气度，从而带来了股价的分化。

（1）2013～2015 年，信用发力方向在成长。产业政策大力促进战略性新兴产业的发展，设立新兴产业创业投资引导基金等形式宽信用。创业板并购重组爆发提速，直接融资资源向新兴产业倾斜。

（2）2016～2018 年，信用边际发力方向在价值。创业板并购萎缩，承受商誉减值冲击，"三去一降一补"牵引周期类行业经营效率改善，"一带一路"企业、房地产和基建均为宽信用载体。

（3）2019～2021 年，信用边际发力方向回到成长。科创板的设立打通新一轮新经济宽信用渠道，"房住不炒"主导了传统行业的信用紧缩。而在"绿色贷款""普惠贷款"等结构性信贷政策的支持下，以新能源等为代表的新兴产业得以实现结构性的"信用扩张"。

由此可见，信用的结构发力方向与自上而下的产业趋势及政策导向吻合，这决定了景气度预期分化，带来了股市的风格分化，如图 3-5 所示。

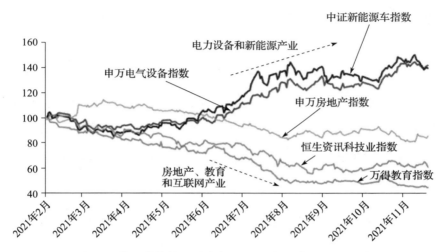

图 3-5　信用结构性差异决定了 2021 年股市风格的差异
资料来源：Wind，广发证券策略团队。

3. 货币：2016 年后，美债实际利率对 A 股成长风格起主导作用

受货币环境影响的 A 股风格，可以用利率走势衡量。利率受到资金供求关系和货币政策两方面的影响，通过经济增长预期和货币政策预期来影响 A 股风格。

整体而言，在中国，无风险利率上行期（经济复苏过热或紧货币），价值风格占优；利率下行期（经济滞胀衰退或松货币），成长风格占优。历史数据显示：中债 10 年期国债收益率在 2013～2015 年先升后降，中枢下移，成长风格占优；2016～2018 年先升后降，中枢上移，价值风格占优；2019～2021 年中枢下移，成长风格占优。

具体到2022年的市场风格研判，我们认为，稳增长政策将影响价值风格，而美债利率将影响成长风格，特别地，美债实际利率显著抬升，对A股成长风格的抑制是主导性的！历史数据显示，2016年之前，美债利率与A股成长风格的表现大致呈现同向关系；而在2016年深港通开通之后，随着北向资金在A股定价权的提升，美债利率走势与A股成长风格表现呈高度负相关。美债实际利率中枢抬升对A股成长风格的估值和股价表现形成持续压制，如图3-6所示。

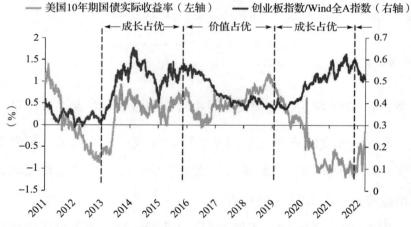

图3-6 美债利率与A股风格，2016年后美债利率抬升压制成长风格
资料来源：Wind，广发证券策略团队。

关于美债利率与A股风格，我们主要聚焦3个核心问题：

①为何我们说美债实际利率对A股成长风格的抑制是主导性的？

深港通开通以来，美债实际利率与创业板指数、创业板相对指数、大盘成长、大盘成长相对指数的负相关系数最显著，超过了中债利率与其的相关关系，创业板指数走势与美债实际利率走势的相关系数约为 –0.91。

②美债利率如何影响 A 股风格，如何理解传导路径？

美债利率主要通过两条路径影响 A 股风格：第一，美债利率抬升影响以美元计价的投资资金成本，导致北向资金持仓占比较高的成长风格资金流出，而国内机构投资者容易抢跑；第二，美元流动性收紧对全球资本流动有传导影响，抑制新兴市场的金融条件，挤压更依赖远端现金流的成长风格估值。

③为何美债实际而非名义利率对 A 股成长风格影响更大？

因为实际利率更直接地反映了美联储货币政策的变化，A 股内不同指数绝对收益与美债实际利率的相关性和北向资金持有该指数的比例基本呈正向相关，北向资金对 A 股成长风格的边际定价权相较于价值风格更高。

4. 胜率：2022 年初，景气度、信用、货币的天平倒向价值

2022 年度的 DDM 三要素（"胜率 – 赔率"框架）的天平向价值倾斜。

从相对业绩优势来看，2022 年，从 Wind 一致预期及我们自上而下的盈利预测来看，创业板指数相对沪深 300 盈利增速占优，但随着上游资源涨价超预期及稳增长的发力，目前价值风格的盈

利预期改善力度更大，相对业绩优势有待观察；从产业周期来看，新能源汽车、光伏、半导体等典型成长行业的景气度预期不高；从产业政策来看，"双碳"表述淡化，稳增长表述增强，政策偏向价值风格；从流动性预期来看，美债利率易上难下，持续压制成长风格表现。从信用预期来看，今年的边际发力方向有望沿着房地产或基建等传统领域展开。从资金预期来看，美联储加息周期的背景下，新兴市场的资金面临流出压力，"金融逆全球化"加剧了北向资金的波动，A股资金面偏紧，对对资金面敏感的成长风格不利。三要素对比详见表3-1。

表3-1 2022年，景气度预期、信用、货币的天平倒向价值

	景气度预期				货币周期（货币）	信用周期	资金（货币）
	相对业绩优势	产业周期	产业政策	大宗商品	流动性预期	宽信用方向	资金面预期
	不确定	不确定	偏向价值	偏向价值	偏向价值	偏向价值	偏向价值
2022年	盈利预测偏向成长占优，但仍待观察	新能源汽车等代表性产业，渗透率迈向第二阶段后景气度预期出现分歧	"双碳"表述淡化，稳增长表述增强	海外滞胀+货币收紧，大宗商品维持高位	美债实际利率易上难下	房地产和基建是宽信用预期的发力方向	在美国加息周期，新兴市场资金流出，金融逆全球化

资料来源：Wind，广发证券策略团队。

具体来看，基于景气度+信用+货币三因子分析方法，2022年A股风格的"胜率"全面倒向价值。

（1）景气度：稳增长政策和通胀利好价值风格，而成长风格景气度预期不高。

2022年，上游资源的通胀周期，强化了价值风格的景气度。历史上的大宗商品上涨周期，价值风格业绩占优。2021年的"双碳"政策发布后，上游的周期股迎来"供需稳态"。对于需求端，美国和日本的经验显示，新能源链的生产和使用都需要传统能源和材料，因此煤炭和石油等资源的消耗量也将持续回升。对于供给端，全球新能源转型对传统能源投资形成"挤出效应"，叠加"供给收缩常态化"政策约束，中国的资源和材料行业的扩产受到影响，供需缺口将继续支撑资源和材料价格。

相反，2022年成长风格的景气度预期则遭遇波折。根据"渗透率"框架，随着新兴产业渗透率进入第二阶段（渗透率突破20%，渗透率增速达到最高），历史上如智能手机、安防、移动互联网等行业呈现共性：核心产品"量升价跌"，企业盈利水平下降，龙头公司面临30%～50%的估值收缩，市场的业绩容忍度明显下降。

新能源汽车、光伏、半导体等部分成长赛道在2022年的景气度存在不确定性。新能源汽车在2022年3月的渗透率已突破21.7%，市场担忧渗透率增长最快的阶段或已过去，后续在高成本与低需求的夹击下，产业趋势存在隐忧。光伏在2022年第2季度时的"国内补装+印度抢装"等促进因素已经逐渐消失，硅料价格维持高位，叠加当时政策不确定性上升，行业面临一定压力。半导体行业经过了2021年供需缺口下的涨价行情，2022年在下游需求不振、上游供给开始释放的背景下，产业趋势亦存在分歧。

（2）信用：传统房地产和基建行业为2022年信用边际发力的方向。2022年宽信用发力倾向房地产和基建等传统方向，利好价值风格的股价表现。

信用风险上升使得本轮房地产链条供需两端的梗阻亟待疏通。2022年房地产链条的数据（销售、融资和投资的连续恶化时长及负增长幅度）恶化，已达2008年金融危机以来最差水平，深层原因在于在房企债务违约的压力下，供需改善存在梗阻。2022年房企融资环境到达历史较差水平，房企违约风险上升，房企融资改善—拿地意愿上升—开工与投资回暖的传导逻辑有所破坏，房企或优先应对融资及债务压力而非激进扩张，这也使得房地产链行业面临着持续的回款压力。

2022年3～4月各省市地方的"因城施政"已明显发力，如郑州重启"认贷不认房"，但4月时房地产中观数据还未有改善迹象，成交额负增长，融资环境未见改善。这推动了房地产政策沿着"稳产能—稳销售—稳信用—稳投资"的路径疏导展开，成为2022年信用宽松的重点发力方向。

（3）货币：2022年美债利率对于成长风格的压制是主导性的。相较于中债存在稳定利率中枢，美债利率相对跌宕的走势成了A股风格更重要的决定指标。

2022年第2季度，美联储仍是坚决的紧货币政策，历史上美联储通常在实际GDP增速回落至潜在增长率之下时结束紧缩周期。本轮美国经济最早有可能在2023年才会陷入衰退，2022年对美联储货币政策更敏感的美债实际利率持续上行。

此外，从库存周期来看，历史上美国经济陷入衰退通常在美国库存增速触顶后7～16个月。由于库存与销售比（库销比）的底部领先库存增速顶部11～13个月到来，而2021年4月美国库销比已触底，所以美国经济最早有可能在2023年陷入衰退，在此之前美联储仍是坚决的紧，甚至需要更快地提高利率为后续政策留空间。

5. 赔率：以2022年初为例，"否极泰来"方法论指出大盘价值底部已现

从赔率来看，2022年初，大盘成长与大盘价值的ERP自历史极限位置开始收敛。大盘价值与大盘成长的股权风险溢价显示：

（1）2022年初，大盘价值的ERP处在历史均值1倍标准差以上的水平，赔率合意，在这个位置上大盘价值甚至不依赖于胜率明显提升。

（2）2010～2018年，两者ERP多同向运行，而2018～2021年出现了连续三年罕见的劈叉分化，其背景是货币信用环境和投资者结构的变化。2018年金融去杠杆，信用紧缩，挤压以大金融和周期为主的大盘价值股估值；2019～2021年美债利率下行驱动对贴现率敏感的大盘成长拔估值；2021年结构性信用紧缩，大盘成长（如其中的新能源）信用扩张，而大盘价值（如房地产）信用紧缩，进一步造成ERP大幅分化，使大盘价值（处于历史均值1

倍标准差以上）与大盘成长（处于历史均值 –1 倍标准差以下）处于历史罕见的劈叉位置。

3.2 风格研判框架的实战检验： 以 2022 年初的风格切换为例

上文我们介绍了景气度 + 信用 + 货币三因子分析方法和"胜率 – 赔率"框架，现在我们基于此，尝试分析 2022 年初 A 股风格"从成长到价值"切换背后的逻辑。景气度 + 信用 + 货币三因子分析方法有助于研判不同阶段的主导风格；而"胜率 – 赔率"框架则有助于识别 A 股风格切换的具体时间。我们在 2022 年初正是结合了各类风格的"胜率 – 赔率"框架，才更加精准地研判了 A 股"从成长到价值"的风格切换。

3.2.1 三个因子决定风格大方向，其他因素影响风格持续性

三个因子"相对占优"决定风格的方向：景气度、信用、货币。2013～2016 年，景气度、信用、货币偏向成长；2016～2018 年，景气度、信用、货币偏向价值；2019～2021 年，景气度、信用、货币偏向成长。

从风格演绎的时间和空间来看，多因素（监管周期、资金面情况等）共振拉长风格占优的持续时间，如表 3-2 所示。例如 2013～2015 年的杠杆资金与 2016～2018 年持续流入的北向资

表 3-2 历史上长周期风格的主导是多因素的共振

成长与价值转换情况	相对业绩优势	景气度预期			货币周期（货币）流动性预期	信用周期 宽信用预期	资金（货币）资金面预期	监管 监管周期
		产业周期	产业政策	大宗商品				
2013~2015 年成长风格占优	创业板指数相对业绩占优	4G对3G的替代与移动互联网的爆发	"双创"，中国制造2025，战略性新兴产业	大宗商品价格下行	宽货币，美债利率下行	并购周期放松，创业板宽信用畅通	资金供需偏松，杠杆资金主导流入	再融资放开，"国九条"，新三板揭牌等
2016~2018 年价值风格占优	沪深300相对业绩占优	供给侧结构性改革引周期行业盈利改善	"三去一补"提升落后产能利用率	大宗商品周期价格上行	金融去杠杆，美债利率震荡上行	并购收紧，创业板融资收敛	资金供需偏紧，北向资金定价权提升	资管新规发布，监管趋严，深港通
2019~2021 年成长风格占优	创业板指数相对业绩占优	半导体自主可控，新能源渗透率提升	自主可控，"专精特新"，碳中和	大宗商品价格先降后升	中债利率震荡下行，美债利率下行	金融供给侧结构性改革，新经济宽信用	资金供需偏松，政策支持并购	科创板开板，创业板实行注册制

资料来源：Wind，广发证券策略团队。

金，均对彼时的风格产生增强的影响；2013～2015年的并购周期、2016年之后的并购收紧周期与2019年起的金融供给侧结构性改革周期，也都对当时的市场风格产生影响。

3.2.2　2022年初，价值风格胜率的天平开始倾斜，赔率也到达合意位置

风格切换的前提是赔率失衡，估值、相对估值和ERP逐渐到达历史极限位置，使低区风格的赔率合意，高区风格的赔率欠佳，如图3-7所示。从历史上风格切换的时点来看，如2012年12月，市场风格开始由价值切向成长，彼时创业板指数PE（TTM）已至均值–1.3倍标准差，ERP已至均值+1倍标准差，均处于较极端的位置，价值相对成长比价显著失衡，沪深300/创业板指数的PE（TTM）至均值1.1倍标准差。当市场由成长风格切换至价值风格时，亦呈现同样的估值特征，如2015年11月创业板指数PE（TTM）已至均值+1.2倍标准差，价值估值显著低于成长，沪深300/创业板指数的PE（TTM）至均值–1倍标准差。

但赔率合意不是风格切换的充分条件，还需要胜率的配合。从历史上风格切换时点与相对估值的位置来看，估值处于极限位置不一定会立即触发风格切换，例如2014～2016年，沪深300/创业板指数的相对PE和相对PB持续处于历史均值–1倍标准差以下。"便宜不是买入的理由"，仍然需要胜率的变化来配合风格切换的发生。

图 3-7　风格切换时点与相对 PE 估值的关系

资料来源：Wind，广发证券策略团队。

2022 年初，价值风格更加占优，整体而言，A 股告别了 2019～2021 年成长持续占优的时期，价值风格迎来表现机会。

在赔率合意的位置上，观察胜率正在发生的改变。"否极泰来"方法论包含的 13 个宽基指数底部指标、沪深 300/ 创业板指数的相对估值、大盘价值与大盘成长的 ERP 综合指向价值风格底部区域已现，赔率处于合意位置。2022 年胜率的天平向价值倾斜，进一步延长了风格演绎的持续性。

同时，美债实际利率上行趋势和 A 股信用结构扩张的边际变化均有利于价值风格。我们判断，2022 年初，A 股大盘价值股的底部区域或已出现，而成长股依然会受困于美债实际利率上行趋势和供需格局的变化。因此，全年来看 A 股价值风格相对占优。

3.3 小盘成长风格：短期占优的 7 大要素[一]

A 股风格的两个维度分别是"价值与成长"以及"大盘与小盘"，而这两个维度可以划分出 A 股风格的 4 个象限，分别是：大盘价值、大盘成长、小盘价值和小盘成长。根据我们多年的策略研究经验，市场对两类风格的关注度相对更高——小盘成长和大盘价值。因此，我们重点复盘了 A 股历史上小盘成长和大盘价值占优的主要阶段，并详细分析小盘成长和大盘价值占优的核心驱动因子。首先，本节主要分析小盘成长占优的 7 大驱动要素。

3.3.1 小盘成长风格占优的 6 个阶段

我们以中证 1000/沪深 300 评估历次小盘成长相对占优的时段，以中证 1000/中证 100 作为辅助来评估更长时间序列的特征。

如果选取小盘股相对大盘股跑赢市场的时段，2005 年以来一共有 2 轮较为显著的中周期以及 6 轮较为显著的短周期行情，如图 3-8 所示。中周期行情一般持续 2 年以上，短周期行情一般持续半年左右。

2005 年以来，A 股共有 2 轮小盘股的中周期行情，持续时间为 2～4 年，主要为：2008～2010 年和 2013～2016 年，中证 1000 相对沪深 300 超额收益显著。

[一] 本节中的小盘股指小盘成长风格，大盘股指大盘成长风格。

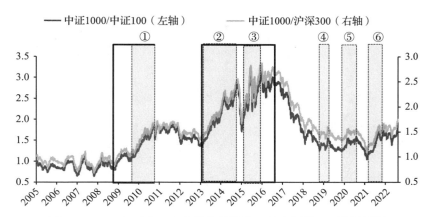

图 3-8　2005 年至今，小盘股的行情有 2 轮中周期、6 轮短周期
资料来源：Wind，广发证券策略团队。

2005 年以来，A 股共有 6 轮小盘股的短周期行情，持续时间为半年至 1 年，分别为：2009 年 7 月～2010 年 11 月、2013 年 1 月～2014 年 11 月、2015 年 1～12 月、2018 年 10 月～2019 年 3 月、2019 年 11 月～2020 年 8 月和 2021 年 2～11 月。

由于投资者对小盘成长风格的关注主要以短周期行情为主，对中周期行情的关注相对较弱，因此，我们主要分析 A 股历史上 6 轮小盘成长股的短周期行情，并归纳其核心驱动因子。

3.3.2　小盘成长风格的 7 大驱动要素

2005 年至今，小盘股共经历 6 轮短周期行情，持续时间多在半年至 1 年。

我们对短周期小盘股行情的驱动要素做出整理，如图 3-9 所示，并按重要性或相关程度排序。

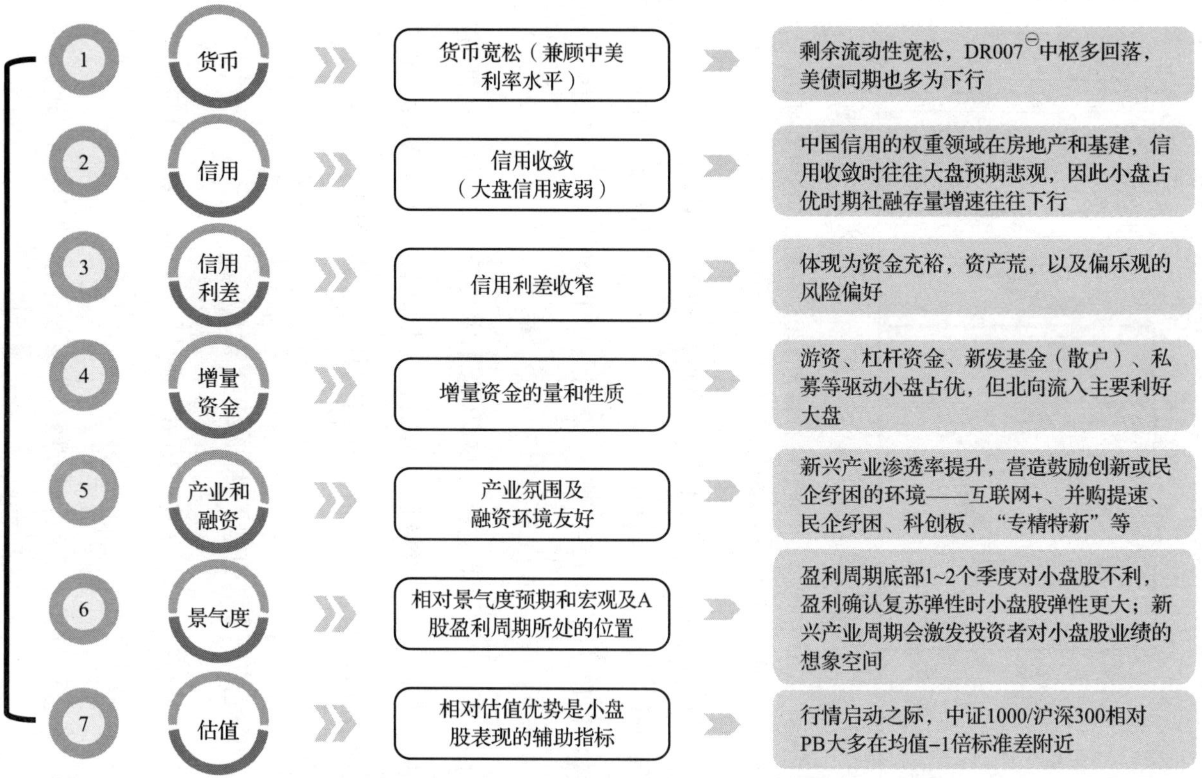
1
货币
货币宽松（兼顾中美利率水平）
剩余流动性宽松，DR007[一]中枢多回落，美债同期也多为下行
2
信用
信用收敛（大盘信用疲弱）
中国信用的权重领域在房地产和基建，信用收敛时往往大盘预期悲观，因此小盘占优时期社融存量增速往往下行
3
信用利差
信用利差收窄
体现为资金充裕，资产荒，以及偏乐观的风险偏好
4
增量资金
增量资金的量和性质
游资、杠杆资金、新发基金（散户）、私募等驱动小盘占优，但北向流入主要利好大盘
5
产业和融资
产业氛围及融资环境友好
新兴产业渗透率提升，营造鼓励创新或民企纾困的环境——互联网+、并购提速、民企纾困、科创板、“专精特新”等
6
景气度
相对景气度预期和宏观及A股盈利周期所处的位置
盈利周期底部1~2个季度对小盘股不利，盈利确认复苏弹性时小盘股弹性更大；新兴产业周期会激发投资者对小盘股业绩的想象空间
7
估值
相对估值优势是小盘股表现的辅助指标
行情启动之际，中证1000/沪深300相对PB大多在均值-1倍标准差附近

图 3-9 短周期小盘占优行情的 7 大驱动要素

资料来源：Wind，广发证券策略团队。

[一] 全市场机构的加权平均回购利率（7 天期）。

1. 小盘成长风格的驱动要素之一：货币宽松（兼顾中美利率水平）

货币宽松是小盘成长股占优的最重要的条件，6轮小盘股行情中有5轮处于国内利率中枢回落或底部震荡时期。以6轮小盘股跑赢市场区间来看，货币宽松是区间内最主要的特征，R007中枢多回落（仅2010年利率中枢抬升），如图3-10所示。同期美债利率也多处于震荡下行，或者显著回落的时段。2022年4月至今，中国短端利率、美债10年期国债利率同时处于震荡下行阶段，且国内的短端利率处于2010年以来的低位，符合小盘股阶段占优条件。

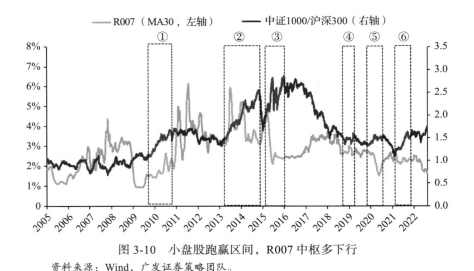

图 3-10　小盘股跑赢区间，R007 中枢多下行

资料来源：Wind，广发证券策略团队。

2. 小盘成长风格的驱动要素之二：信用收敛（大盘信用疲弱）

信用收敛是小盘股跑赢的受益环境，在中国，信用承载的主

要力量来自房地产和基建等大盘板块受益领域。信用疲弱时，大盘股的景气度预期转低。

历史上的6轮小盘股占优区间，社会融资规模存量同比增速多数下行（仅2019年11月～2020年8月抬升），如图3-11所示。虽然不一定均处于供给端的紧信用周期，但其共同特征是信用收敛。由于中国的信用承载集中在房地产和基建等传统大盘受益领域，因此信用收敛的时期是大盘股预期转弱的时期，小盘股反而相对受益。

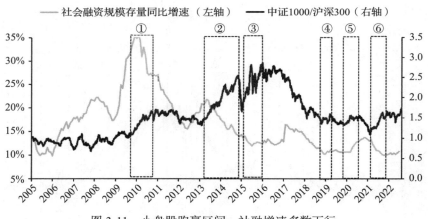

图3-11　小盘股跑赢区间，社融增速多数下行

资料来源：Wind，广发证券策略团队。

3. 小盘成长风格的驱动要素之三：信用利差收窄

信用利差回落体现为资金充裕、资产荒或风险偏好上行，小盘股在此区间跑赢。6轮小盘股跑赢区间，信用利差均自高位回落或处于历史最低位，如图3-12所示。从历史数据来看，AA+级产

业债信用利差于 5 轮小盘股占优区间有高位回落特征，2013 年 1 月～2014 年 11 月那轮则在历史相对低位震荡。信用利差收窄表示资金充裕、资产荒，或相对偏乐观的风险偏好，充裕的资金环境对于小盘股有利。

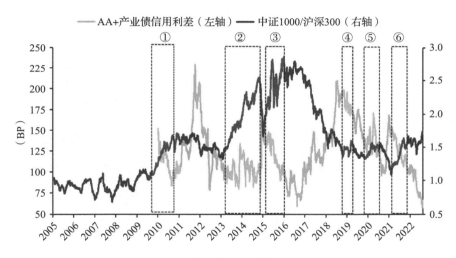

图 3-12　小盘股跑赢区间，信用利差多收窄
资料来源：Wind，广发证券策略团队。

4. 小盘成长风格的驱动要素之四：增量资金的量和性质

增量资金的量和性质决定了大小盘风格。杠杆资金、个人投资者、游资等，以及北向资金和公募基金的偏好不同。如图 3-13 所示，2008～2010 年，个人投资者延续 2006～2007 年以来的入市热情，上交所新增开户数量同比增速于 2008 年第 4 季度至 2009 年持续抬升；2013～2015 年，杠杆资金入场，融资余额于两年间持续抬升；2020 年，新发基金火爆，全年发行 14 405 亿元，较

2019年抬升5倍。个人投资者、杠杆资金和新发基金流入利好小盘股，但北向资金大幅流入的时期，例如2014年、2016～2017年和2019年等，都是大盘风格更为受益。

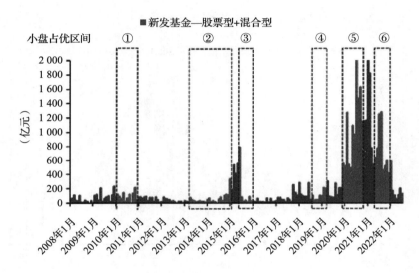

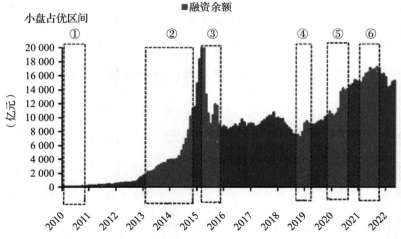

图3-13 小盘股跑赢区间，新发基金、杠杆资金流入

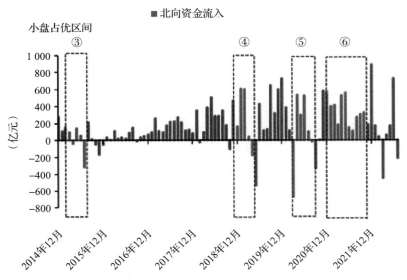

图 3-13 小盘股跑赢区间，新发基金、杠杆资金流入（续）
资料来源：Wind，广发证券策略团队。

5. 小盘成长风格的驱动要素之五：产业氛围及融资环境友好

产业氛围和融资环境对小盘股、创新企业、民营企业更加友好，是小盘股占优的土壤。鼓励创新、激发活力、支持融资的产业氛围至关重要。

如图 3-14 所示，2009~2010 年，七大战略性新兴产业规划为节能环保、新一代信息技术、生物、高端装备制造、新能源、新材料、新能源汽车等提供了创新土壤；2013~2015 年，"大众创业、万众创新""互联网+"等政策出台，亦加速了移动互联网周期的到来；2018 年 11 月，民营企业座谈会召开，民企纾困加速，同时科创板、国家大基金为新兴产业提供了增量资金支持；

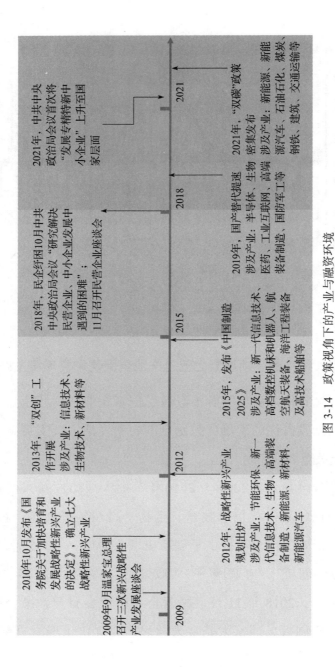

图 3-14 政策视角下的产业与融资环境

资料来源：Wind，广发证券策略团队。

2021年，支持"专精特新"发展等较为友好的产业政策，科创板及创业板的 IPO 及再融资，也为小盘创业企业提供了便利的融资环境。

6. 小盘成长占优的驱动要素之六：相对景气度预期和宏观及 A 股盈利周期所处的位置

相对业绩趋势，并非小盘股行情表现的直接决定因素（相较之下，大盘股风格与相对业绩表现更为挂钩）。如图 3-15 所示，从历史数据来看，小盘股跑赢区间未必相较大盘股具有业绩相对优势，如 2009～2010 年和 2013～2015 年等。尽管业绩相对劣势，但小盘股仍能跑赢，其原因在于新兴产业崛起的加持，如 2009～2010 年智能手机兴起、2013～2015 年的移动互联网快速渗透等。从图 3-15 可见，相较于已经实现的盈利趋势，小盘占优时期更看重的是创新驱动小企业景气度改善的预期。

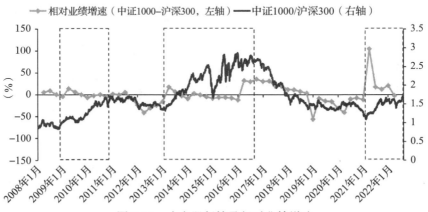

图 3-15 小盘股行情及相对业绩增速

注：2016 年之前中证 1000 盈利增速用申万小盘指数表示。
资料来源：Wind，广发证券策略团队。

此外，由于大盘股的盈利特征是"更稳健"，小盘股的盈利特征是"高弹性"，因此总量盈利周期与大小盘轮动周期关系密切。

如图3-16所示，盈利周期自底部回升的1～2个季度内（经济刚走出衰退），往往大盘股相对受益（追求稳健）；随着经济复苏弹性回升，小盘股相对受益（追求高弹性）。在经济回落压力大、盈利跌至负增长的时期，大盘股的股价表现因其稳健性占优。盈利刚刚自底部恢复，经济复苏趋势尚不明确的时候，往往在盈利底部回升的1～2个季度内，大盘股仍可占优。待盈利自底部回升1～2个季度，经济增长弹性确认后，经济显著改善，小盘股业绩改善的弹性更大，往往相对占优。

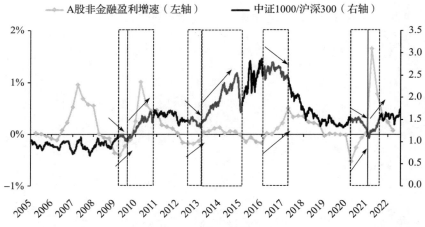

图3-16　小盘股行情及A股非金融盈利增速

资料来源：Wind，广发证券策略团队。

7. 小盘成长占优的驱动要素之七：相对估值优势是小盘股表现的辅助指标

相对估值是衡量小盘股表现的辅助指标。由于小盘股的盈利稳定性欠佳，因此从估值层面来看，相对PB较相对PE指向意义更强。如图3-17所示，从历史6轮小盘股占优的短周期行情来看，行情开启之际，中证1000/沪深300相对PE大多在均值−1倍标准差附近，小盘股的相对估值具备一定的优势。

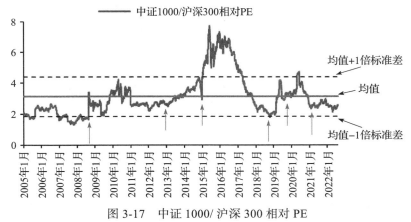

图3-17 中证1000/沪深300相对PE

注：箭头所指为小盘跑赢区间起点。2015年之前中证1000的PE用申万小盘指数代替。

资料来源：Wind，广发证券策略团队。

3.3.3 小盘成长风格行情结束的两大信号

如表3-3所示，从历史信息来看，小盘股行情结束的主要信号，为信用预期转向（以房地产和基建为代表的大盘股信用预期转好）或货币流动性预期转向（利率转为上行，信用利差走阔）。

表 3-3 各轮小盘股行情阶段性结束时各信号因子一览

轮次	时间	货币周期（流动性预期）	信用周期（宽信用预期）	信用利差（风险偏好预期）	产业及融资环境（景气度预期）	增量资金（增量资金的属性改变）	估值（相对估值优势）
第1轮	2008年11月~2010年11月	R007由上行转为急剧飙升	社融增速显著下行，经济超预期。2010年1月国务院开始出台严控房地产政策，此后2010全年为严控信贷和房地产投机，政策不断收紧	信用利差转为走阔，风险偏好下降	2010年第4季度智能手机渗透率突破20%，迈入高速渗透期，龙头公司盈利增速下台阶	融资余额仍抬升	相对PB修复至均值
第2轮	2013年1月~2014年11月	R007逆转，由下行转为上行	社融小幅回升1个月后继续下行，2014年5月国务院常务会议密集部署稳增长政策，"一带一路"基建齐发力，政策出台强化房地产景气度预期	信用利差转为走阔，风险偏好下降	互联网+、"双创"延续	2014年11月沪港通开通，北上资金大幅流入（偏好大盘）	相对PB修复至均值+1倍标准差
第3轮	2015年1~12月	R007由下行转为震荡	中央经济工作会议提出地产去库存，棚户区改造加速。宽信用周期启动前夕，2015年12月房地产融资、房地产利好政策驱动景气度预期抬升	信用利差转为走阔，风险偏好下降	手游等移动互联网渗透率突破40%，渗透率一阶见拐点，进入饱和渗透期	对杠杆资金的监管趋严，融资余额大幅下降	相对PB超过均值+1倍标准差
第4轮	2018年10月~2019年3月	R007维持震荡	地方两会陆续召开，2019年1~3月政府工作报告提出加大基建补短板力度	信用利差持续下行	民企纾困政策持续出台	北上资金持续流出，融资余额仍抬升	相对PB修复至均值
第5轮	2019年11月~2020年8月	R007由下行转为上行	中央经济工作会议为上行，2020年3月27日中央政治局会议出台宏观政策稳复苏经济，强力稳增长政策的基建、房地产预期向好	信用利差转为走阔，风险偏好下降	国产替代、"专精特新"，新能源周期仍盛行	2020年新发基金放量买入核心资产；市场下跌叠加前期证监会监管杠杆资金，融资余额9月下行	相对PB修复至均值+1倍标准差之间
第6轮	2021年2~11月	R007由震荡转为下行	社融转为上行，年底中央政治局会议后稳增长政策托底经济、房地产，基建预期向好	信用利差持续下行	大幅扩产之下，锂电中游预期2022年竞争格局恶化；新能源车渗透率于2022年3月突破20%	中央经济工作会议定调稳增长，北上资金12月大幅流入、融资遇冷；市场余额下降	相对PB修复至均值+1倍标准差之间

资料来源：Wind，广发证券策略团队。

流动性恶化、宽信用预期转向，多是历史上小盘股行情阶段性结束的最重要的信号。流动性恶化主要体现为短端利率趋势由下行转为上行；宽信用预期好转则体现为对房地产和基建行业的政策边际有正向变化，例如 2015 年 12 月房地产去库存、2019 年 3 月加强基建补短板力度等，信用的驱动力重回房地产和基建链条的改善预期，此时大盘股的预期修复带来小盘股行情的阶段性结束。

此外，新兴产业景气度预期出现分歧、增量资金的属性逆转或相对估值修复至均值以上，也是小盘股行情结束的辅助信号。例如 2014 年沪港通的开通及 QFII 与 RQFII 的扩容，导致外资（偏爱大盘股）成为阶段性增量资金的主导力量；2015 年对杠杆资金的监管，也使得小盘股的资金增量逻辑阶段性被破坏。从历史上 6 轮小盘股行情来看，有 4 轮在相对估值修复至均值以上时阶段性结束。

3.4 大盘价值风格：绝对收益的 5 大区间

根据我们多年的策略研究经验，市场对两类风格的关注度相对更高——小盘成长风格和大盘价值风格。上文我们重点介绍了小盘成长风格的 7 大驱动要素，接下来我们重点分析大盘价值风格的 5 大绝对收益区间。

3.4.1 大盘价值股的 5 大绝对收益区间总结

2005 年以来 A 股总共出现过 5 次大盘价值股的绝对收益区间，分别是 2005 年 6 月的信用扩张、2008 年 10 月的"四万亿"的刺激政策、2012 年 12 月的经济复苏、2016 年 1 月的"供给侧结构性改革"以及 2019 年 1 月的 DDM 三要素全面改善。我们重点分析上述 5 次大盘价值股的绝对收益区间，并尝试拆解背后的主要驱动因子。

1. 2005 年 6 月起信用扩张 + 政策支撑带来大盘价值股绝对收益

信用扩张 + 股权分置改革 + 赔率非常有吸引力是 2005 年 6 月后大盘价值股股价显著反弹的三大核心原因。

（1）固定资产投资增速强势反弹带动社融增速反转，信用大幅扩张改善大盘价值股胜率环境。在出口的强势推动下，制造业投资自 2015 年第 2 季度起强势扩张，从而带动固定资产投资提速。在此背景下，存量社融同比增速自 2005 年 6 月起显著反转，持续上行至 2008 年第 1 季度，如图 3-18 所示。

（2）股权分置改革大幅改善市场风险偏好。股权分置改革一定程度上压制了 2001～2005 年股市投资者的风险偏好。2005 年 5 月股权分置改革正式启动，三一重工、紫江企业、金牛能源[一]、清华同方[二]成为成功实施股权分置改革的第一批上市公司，A 股投

[一] 现已更名为冀中能源。
[二] 现已更名为同方股份。

资者的重大担忧得到缓解。

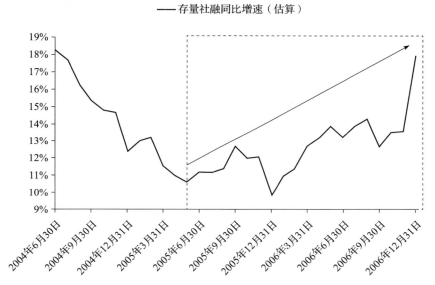

图 3-18　存量社融同比增速自 2005 年 6 月起显著反转
资料来源：Wind，广发证券策略团队。

（3）赔率上，大盘价值股的典型指数沪深 300 和上证 50 在"否极泰来"方法论的判断下均指向"非常便宜"。

货币方面，2005 年 6 月中美货币政策呈现显著的"劈叉"——国内流动性改善，美债实际利率上行。2005 年第 1 季度，在我国通胀水平下行的背景下国债利率也有所回落，同时国内货币政策呈现持续宽松态势。美债实际利率自 2005 年 5 月末持续快速上行至 2006 年 6 月末。

2. 2008年10月"四万亿"计划驱动信用大幅扩张

"四万亿"计划+赔率非常有吸引力+国内外流动性支持是2008年10月后大盘价值股乃至全部A股得到显著反弹的三大核心原因。

（1）"四万亿"计划带动社融增速反转，信用大幅扩张改善大盘价值股胜率环境。2008年11月，"四万亿"计划公布，并后续配套房地产宽松政策，固定资产投资与房地产投资规模在政策利好下显著提升（如图3-19所示），A股净利润与GDP增速均于2009年第1季度触底反弹。

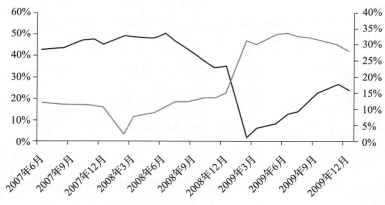

图3-19 "四万亿"计划使基建和房地产投资规模先后显著提升
资料来源：Wind，广发证券策略团队。

（2）赔率上，大盘价值股的典型指数沪深300和上证50在"否极泰来"方法论的判断下均指向"非常便宜"。

（3）国内外货币均极度宽松。我国央行连续降息降准，美联储持续降息。我国央行于 2008 年下半年连续 4 次降息，3 次降准。10 年期国债收益率与银行间质押式回购加权利率分别自 2008 年 8 月与 2008 年 10 月起显著下行。货币市场利率下降为股票市场提供了充足的流动性。自 2007 年底至 2008 年 9 月，美联储采取了 7 次降息举措，并于 2008 年 12 月 16 日宣布将联邦基金利率降至 0 至 0.25% 的超低水平。中美货币政策均极宽松，为股市估值扩张带来了显著驱动力。

3. 2012 年 12 月经济复苏 + 宽信用环境支撑大盘价值股反转

经济复苏 + 宽信用环境 + 赔率非常有吸引力是 2012 年 12 月后大盘价值股得到显著反弹的三大核心原因。

（1）经济复苏步伐加快，房地产和基建景气度预期改善。2012 年第 4 季度以来经济复苏的迹象逐步明朗，PMI 指标也开始上升。房地产销售降幅收窄，房地产新开工数据逐步回升，房地产行业景气度有所回升；基建投资增速自 2012 年起不断回升，虽然在 2013 年 4 月触顶，但此后仍保持在较高增速。

（2）货币和财政双管齐下，宽松的政策逐步传导到信用端。如图 3-20 所示，2012 年初随着经济增速的快速下行，政府采取了新一轮的经济刺激政策，包括两次降准和两次降息，批复大量投资项目，推动基建投资增速快速拉升，基建投资的累计增速到 2013 年初时达到 25%。2012 年 4 月社融规模同比增速开始触底回升，政策的宽松逐步传导到信用端。2012年大盘价值股底部反弹的时点处于本轮宽信用周期（2012年5月至2013年4月）的中期发力阶段。

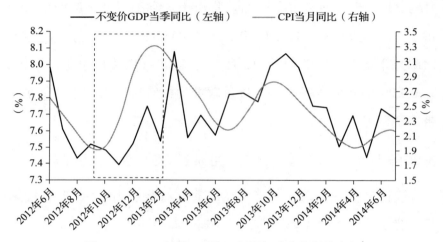

图3-20　2012年第4季度，经济初现企稳复苏迹象
资料来源：Wind，广发证券策略团队。

（3）从赔率视角看，使用"否极泰来"方法论可知该时期大盘价值股具有较高吸引力。

此外，境内外市场流动性持续宽松。2012年第3季度之后，全球流动性较为宽裕，2012年11月以来资金明显涌入中国股市。2012年10~12月国家外汇管理局对QFII和RQFII审批节奏的加快，使得境外资金的配置成为此轮A股上涨的"增量资金"。美联储QE3在2012年9月落地，2012年12月又升级到QE4也是该时期境外流动性同样较为宽松的重要原因。

4. 2016 年 1 月企业盈利修复支撑大盘价值股绝对收益

经济回暖背景下，企业盈利快速大幅反转是 2015 年 12 月后大盘价值股股价得到显著反弹的核心原因，这也使得 2016 年 1 月成为唯一一次大盘价值股尚未达到赔率非常有吸引力的情况，仅因为胜率大幅反转便取得强绝对收益的阶段，如图 3-21 所示。

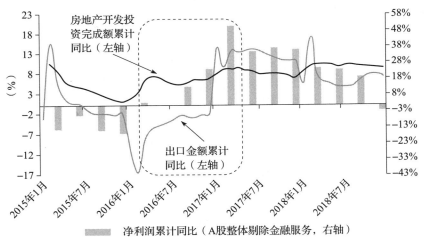

图 3-21　出口和房地产回暖带动经济、企业盈利复苏

资料来源：Wind，广发证券策略团队。

（1）企业盈利触底开始向上修复，经济回暖预期升温。2016 年 2 月起，在经济形势逐步好转的情况下，大盘股开始缓步上涨，工业增加值和 PMI 在 2016 年 2 月触底后不断抬升，GDP 增速止跌开始回升，经济显现了较强的"韧性"。内外需同时扩张，经济持续复苏，A 股非金融累计净利润同比增速触底反弹，A 股企业

逐步走出偿债周期，盈利开始持续修复。

（2）宽信用周期启动前夕，新一轮房地产周期将要到来，房地产利好政策频出驱动景气度预期抬升。2015年房地产利好政策频出，首付款比例最低下调至25%，42城市取消限购令。2015年中央经济工作会议提出了房地产去库存，棚户区改造加速并辅以PSL创新性政策工具。在相关政策的不断刺激下，房地产库存去化进一步加速，带动房地产开发投资完成额自2016年1月开始回升。由于海外需求复苏和人民币实际有效汇率走弱，出口在2016年2月见底回升。

（3）2016年初，市场各指数尚未到达"非常便宜"，但盈利大幅反转带来胜率决定性的改善，市场直接迎来反转。2016年初，A股整体以及各类宽基指数的估值虽然已经处于较为便宜的位置，但距离"非常便宜"仍有距离。A股在供给侧结构性改革"三去一降一补"的带动下，盈利增速触底上行，房地产各类数据明显反转且随后保持在高位，分子端的盈利水平以及分母端的盈利预期得到显著改善，A股胜率发生了显著的触底反弹，因此不需要赔率到达非常有吸引力的位置市场便开始了反弹。

（4）国内货币政策相对宽松，但美联储处于加息周期当中。2016年1～5月，央行降准一次，并无降息，更多是通过公开市场操作和MLF等中短期工具的组合调节市场流动性，市场总体相对宽松。美联储开启了新一轮的加息周期。

5. 2019 年 1 月 DDM 三要素全面改善，A 股全面反转

中美货币政策均边际放松＋信用持续改善＋基本面改善＋赔率非常便宜是 2019 年 1 月后大盘价值股股价得到显著反弹的核心原因。

（1）货币方面，2019 年 1 月中美货币均边际放松。相较 2018 年 12 月，2019 年 1 月 4 日鲍威尔公开讲话显示美国货币政策将显著转向宽松。随后的 2019 年 1 月 5 日，我国央行决定全面降准，下调金融机构存款准备金率 1 个百分点，中美货币政策同时转松。

（2）基建投资增速带动社融增速反转，信用大幅扩张改善大盘价值股胜率环境。货币政策的宽松为信用扩张打下了扎实的基础，在地方政府专项债券支撑基建投资的推动下，叠加"新基建"概念的持续升温，基础建设投资自 2019 年第 1 季度起强势扩张，从而带动房地产投资提速。在此背景下，存量社融同比增速自 2019 年 1 月起显著反转，2019 年第 1 季度实现"天量社融"，超出市场预期。

（3）基本面改善，助力大盘价值股股价显著反弹。2019 年第 1 季度 A 股盈利水平明显反弹，A 股 2018 年第 4 季度、2019 年第 1 季度归母净利润累计同比增速分别为 –1.40%、9.93%，全部 A 股剔除金融股归母净利润累计同比增速分别为 –7.46%、3.64%，盈利水平显著提升，A 股基本面明显改善，如图 3-22 所示。

（4）赔率上，大盘价值股的典型指数沪深300和上证50在"否极泰来"方法论的判断下均指向"非常便宜"。

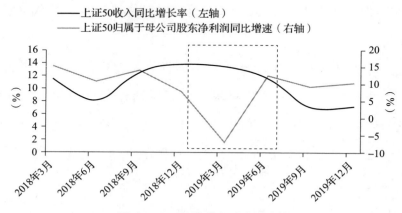

图3-22　A股盈利水平明显改善

资料来源：Wind，广发证券策略团队。

3.4.2　大盘价值股取得绝对收益的共性有哪些

2005年以来，大盘价值股股价从底部反转并开始取得显著绝对收益的重要时点共有5个：2005年6月、2008年10月、2012年12月、2016年1月和2019年1月。我们复盘总结5个大盘价值股开始获得绝对收益时期的市场特征，发现存在以下最典型的共性：

①最大的共性为"稳增长"政策开始发力，信用扩张开始见到成效，这是大盘价值股胜率改善最核心的要素；

②其次的典型特征为赔率处在非常便宜的位置，除2016年初外，其余4次大盘价值股触底反转，开启绝对收益之旅时，我们

使用在第 1 章提到的"否极泰来"方法论判断大盘价值股均处于赔率非常有吸引力的位置；

③国内货币政策往往较为宽松，但 40% 的概率处在中美货币政策"劈叉"阶段。大盘价值股反转时往往国内货币处于相对宽松的环境当中，但 2005 年和 2016 年美联储处在政策收缩阶段，美债实际利率均持续上行，中美货币政策呈现"劈叉"，海外货币政策对大盘价值股股价的制约并没有十分显著。

小结

本章我们聚焦策略研究中需要回答的第二个关键问题：未来一段时间市场买什么（即行业比较）？对这一问题的回答先从风格研判基本框架讲起，即景气度 + 信用 + 货币三因子分析方法结合"胜率 – 赔率"框架，我们以 2022 年初的风格切换为案例讲解便于读者理解。在本章最后两节中，对风格研判框架进行延伸，详细分析了小盘成长和大盘价值两种风格占优的核心驱动因子。下一章将与本章一脉相承，继续围绕行业比较展开，但会将视角进一步下沉，落到行业推荐。

| 第 4 章 |

行业比较：风格中心的指示牌

在前面3章中，我们系统论述了大势研判和风格研判的分析框架，将其分别形容为策略研究的发令枪和风向标。在对股市整体形势和风格判断的基础上，我们需要将视角下沉进而落地到行业推荐，了解从策略研究的角度如何看行业比较，如何科学有效地优选行业。本章我们聚焦策略研究的另一个核心领域——行业比较，或者可将其称为"风格中心的指示牌"。

行业比较可以分成两部分：全行业比较与新兴产业比较。①全行业比较：我们将分别在第1节和第2节提供两个全行业比较的思路——"景气度预期"框架和产能周期框架（又称供需缺口框架）；②新兴产业比较：新兴产业多为在未来具备广阔发展空间的成长风格行业，它们的估值、盈利、产业驱动力等核心特征明显有别于传统行业。因此在第 3 节中我们为新兴产业建立了单独的比较框架，从产业驱动力与估值、景气度与渗透率、资金配置三大维度展开，并在第 4 节对其中的渗透率分析框架做完整介绍。

4.1　全行业比较框架一：景气度预期

本节我们先介绍全行业比较的第一个框架——"景气度预期"框架，通过追踪分析师对收入或盈利预测的边际变化判断行业景气度预期情况，并据此框架对行业进行打分排序。首先我们需要解释模型背后的金融学原理以及框架有效性的数据验证，其次阐述如何运用"景气度预期"框架对行业进行打分，最后根据打分结果构建行业做多和做空组合，观察历史上的超额收益情况。

4.1.1　"景气度预期"行业比较框架引入

通常在衡量行业或个股的景气度时，人们的第一反应一般是采用真实的财报盈利增速，其次会选择分析师预测盈利增速，但我们发现，这两者均难以实现行业比较。虽然财报盈利增速是有效的，但是由于其过分后验而不能真正指导投资。我们通过复盘发现，一个行业或一只个股若在当季的盈利增速表现好，其股价往往也能够在当季获得更大的涨幅。所以如果能够预知行业或个股的当季盈利增速，并投资当季盈利增速排名靠前的行业，投资者是能够跑赢市场的。但是财报发布是有时滞的，个股的财报数据最快也得季末才知道，而行业的数据则更为滞后，上市公司的一季报、三季报在季末后1个月才披露完毕，中报数据要延迟2个月，年报数据甚至要延迟4个月。既然传统盈利增速有效但后验，许多投资者自然而然想到能否用自下而上的分析师盈利增速预测作为替代，但我们发现盈利增速预测对股价的指引作用非常弱。因为卖方分析师的研究生态决定了其更多是鼓励买入，也更倾向于上调盈利增速预测，并且在有效市场假说下，股价对"超出或低于预期"的信息做出反应，而绝对盈利增速预期并不包含超预期的信息，因此对投资的指引作用较差，而动态的盈利预期变化或才是对投资有价值的要素。

因此，为更好地实现行业间的横向对比，我们构建了"景气度预期"行业比较框架。"景气度预期"包含两大维度，即收入景气度预期和盈利景气度预期，收入或盈利景气度预期的计算逻辑为市场上分析师对于各行业的收入或盈利预测的同比增速。并且，为充分解读"超预期"，在景气度预期框架的应用中我们更为关注边际变化，而非"景气度预期同比增速"的绝对值。当"景气度预期同比增速"的边际变化为正时，表明该行业的景气度预期在持续改善，具有更高的投资价值。

（1）"景气度预期"行业比较框架是具备内在金融学原理的。一方面，我们关注边际变化而非绝对值的原因在于，虽然卖方评价并不全面、准确，但这依然是市场上最可得、最贴近投资者的预期数据。因此我们进一步考虑，虽然卖方更倾向于上调预期，但在行业或公司景气度确实持续改善时，卖方会具有更为频繁地发报告、更大幅度地上调业绩预期的动力；而当行业或公司景气度不佳时，由于不再推荐，行业分析师往往会推迟更新业绩预期的时间，降低更新频率甚至不发报告。我们可以利用这个特性，追踪景气度预期的边际变化，当行业或公司景气度改善时，卖方会更为频繁地更新报告，更大幅度地上调预期，盈利与收入的增速预期会更快上行，反之则行业或公司的盈利与收入的增速预期会出现减缓甚至下行。另一方面，当"景气度预期"上行时，这不仅代表分子端的业绩在改善，更代表分母端估值的盈利预期的改善。因此"景气度预期"行业比较框架具备对"分子端＋分母端"的双重指示作用。

（2）"景气度预期"框架对行业股价走势具有显著的指引作用。从收入景气度预期与股价绝对走势、收入景气度预期与股价相对走势、盈利景气度预期与股价绝对走势、盈利景气度预期与股价相对走势四个维度来看，景气度预期与行业股价走势在申万一级行业、申万二级行业以及新兴产业层面均存在强相关性。具体来看，"景气度预期"框架对31个申万一级行业中的25个行业（见表4-1），134个申万二级行业中的85个行业，以及14个新兴产业中的11个产业的股价走势均具有显著的解释效果，有效率分别达到81%、63%和79%。风格方面，"景气度预期"框架与成长、周期、消费行业的股价走势相关性较高，与金融行业股价相关性相对偏低。在申万一级行业中，电力设备和传媒与四大"景气度预期"维度均达到了高相关性，汽车与电子则与三大"景气度预期"维度达到了高相关性，计算机、基础化工和有色金属则与两大"景气度预期"维度达到了高相关性，石油石化、环保和钢铁则与一大"景气度预期"维度达到了高相关性，农林牧渔、纺织服饰、社会服务、通信、煤炭、美容护理行业则是与两大"景气维度"达到了中相关性。

表 4-1 申万一级行业景气度预期与股价走势相关性总览

申万一级行业	收入预期 绝对走势	收入预期 相对走势	盈利预期 绝对走势	盈利预期 相对走势	申万一级行业	收入预期 绝对走势	收入预期 相对走势	盈利预期 绝对走势	盈利预期 相对走势
电力设备	高相关性	高相关性	高相关性	高相关性	美容护理			中相关性	中相关性
传媒	高相关性	高相关性	高相关性	高相关性	轻工制造			中相关性	
汽车	高相关性	高相关性	中相关性	高相关性	交通运输			中相关性	
电子	高相关性		高相关性	高相关性	房地产	中相关性			
计算机	中相关性	高相关性	高相关性	高相关性	综合		中相关性		
基础化工		中相关性	高相关性	高相关性	建筑材料		中相关性		
有色金属	高相关性		高相关性		建筑装饰			中相关性	
医药生物	中相关性	中相关性	高相关性	中相关性	非银金融			中相关性	
石油石化		高相关性	中相关性		机械设备			中相关性	
环保	高相关性		中相关性		家用电器				
钢铁			高相关性		食品饮料				

（续）

申万一级行业	收入预期		盈利预期		申万一级行业	收入预期		盈利预期	
	绝对走势	相对走势	绝对走势	相对走势		绝对走势	相对走势	绝对走势	相对走势
农林牧渔	中相关性			中相关性	公用事业				
纺织服饰	中相关性	中相关性			商贸零售				
社会服务	中相关性	中相关性			国防军工				
通信			中相关性	中相关性	银行				
煤炭	中相关性		中相关性						

注：表格按照相关性高低进行排序，相关性的判断标准：相关系数大于0.7为强相关，相关系数在0.5至0.7为中相关。此外，如果景气度预期与股价走势具有显著关联性，也视为具有相关性。相关性研究的追溯区间为2016年1月1日～2022年6月30日。

资料来源：Wind，广发证券策略团队。

4.1.2 "景气度预期"行业比较框架的构建

对于多数行业来说，"景气度预期"框架对股价有显著的指引作用，因此以"景气度预期"框架为介质可以实现不同行业间股价前景的比较。我们对不同行业进行全面打分，从排序得分、趋势得分两个维度分别反映行业景气度预期变化的显著程度及变化趋势，最后加总排序得分与趋势得分，得到行业的"景气度预期"综合得分，如图4-1所示。基于每个行业四个维度的"景气度预期"综合得分的平均，得到每个行业的最终评价，从而实现不同行业之间的横向比较。每个行业的最终评价有高有低，因此通过最终评价，我们不仅可以寻找出"景气度预期"改善最强的行业，还可以定位出"景气度预期"恶化最明显的行业。

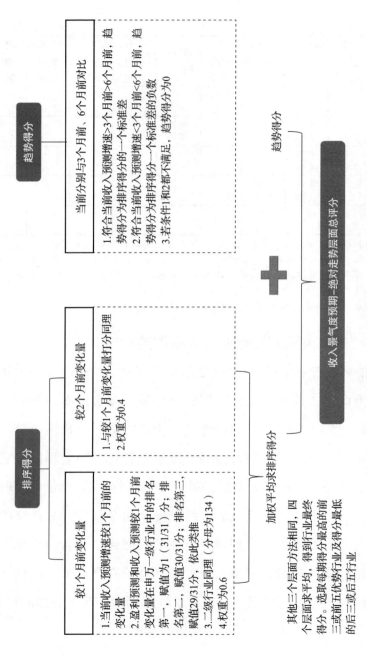

图 4-1 利用"景气度预期"框架对行业进行打分的具体方法

资料来源：Wind，广发证券策略团队。

"景气度预期"排序得分是通过比较每个行业的景气度预期在纵向时间维度上的变化程度，实现横向的行业间景气度预期的优劣比较，进而反映景气度预期变化的显著程度。计算方法大致为：排序得分 = 收入或盈利预测增速较 1 个月前变化量排序得分 ×0.6+ 收入或盈利预测增速较 2 个月前变化量排序得分 ×0.4，具体见图 4-1。

纳入排序得分有以下两个方面的原因。①排序得分关注的是行业景气度预期的"动态"边际变化，而非静态的绝对值，反映"超预期"或"低预期"的信息，及其引起的股价变化。所以我们利用景气度预期较 1 个月前、2 个月前的变化量，来捕捉动态边际变化。②排序得分能够帮助我们实现行业间的横向比较。为实现行业比较，仅仅追踪单个行业的景气度预期变化是不够的，需要进行不同行业之间的比较。对于不同行业来说，由于最终产品、业务形态不完全相同，所以排序得分将景气度预期变化量作为中介指标，对行业进行排序，实现行业间的相互比较。

但仅仅是排序得分不足以完全反映行业的景气度预期变化，因为排序得分反映的是行业景气度预期在短期内的变化程度，无法反映行业自身景气度预期的长期变化趋势。景气度预期短期改善显著的行业，有可能处在长期恶化的趋势当中；而短期景气度预期恶化的行业，也有可能正处在长期改善的趋势当中。因此我们可以在排序得分的基础上，针对每一个行业增加一个加分或减分项，即趋势得分，当行业处于景气度预期持续向好的趋势中时给予一定的加分调整项，而当行业处于景气度预期持续恶化的趋势中时，则给予一定的减分项。具体计算方法为：趋势得分 = 排序得分的一个标准差（满足收入或盈利预测增速符合当前 >3 个月前 >6 个月前时）；趋势得分 = 负的排序得分的一个标准差（满足收入或盈利预测增速符合当前 <3 个月前 <6 个月前时）；趋势得分 =0（收入或盈利预测增速不符合上述两种情况时）。

我们关注趋势得分是因为"景气度预期"的趋势与产业周期息息相关。对于任一行业来说，"景气度预期"的趋势可以理解为"市场上所有卖方分析师（Wind 数据库纳入的）对于该行业产业周期趋势的理解"，而这也解释了为何景气度预期可以充分解释股价走势。同时，产业趋势往往是中周期趋势，即当一个行业前期产业趋势持续上行时，往往在未来一个月会延续前期的方向继续向上，只有小概率会突然反转向下，反之亦然。因此趋势得分是一个重要的修正项，当一个行业的景气度预期趋势是持续的，就认为该趋势具有持续性，并将其反映在最终的行业"景气度预期"打分当中。

我们分别对每一个行业，从四大维度：①收入景气度预期与股价绝对走势、②收入景气度预期与股价相对走势、③盈利景气度预期与股价绝对走势、④盈利景气度预期与股价相对走势上，用同样的方法赋予排序得分和趋势得分。在每个维度上，加总排序得分和趋势得分，得到行业总评分，综合反映收入或盈利景气度预期变化的显著程度及趋势。平均四个维度的行业总评分，得到行业最终评价，综合反映收入和盈利景气度预期的变化。

4.1.3 "景气度预期"行业做多和做空组合

鉴于"景气度预期"框架能够识别出景气度预期改善对于股价指引最为显著的行业，我们可以构建"景气度预期"行业做多组合，在行业层面抓取显著的超额收益。"景气度预期"行业做多组合的构建方法是：根据行业最终得分，在一级和二级行业层面，筛选出得分最高的前三或前五优势行业，选取的行业均等权配置，并进行月度调仓。由此，我们得到"景气度预期"行业做多四大组合：景气度预期前3一级行业组合、景气度预期前5一级行业组合、景气度预期前3二级行业组合与景气度预期前5二级行业组合。

"景气度预期"框架构建的做多行业组合不仅相对Wind全A策略能获得显著的超额收益，还跑赢了万得偏股混合型基金指数，如表4-2所示。2016年1月31日至2022年8月31日，"景气度预期"行业做多四大组合年化收益率均超过11%，最高能达到14.5%，不仅大幅跑赢同期的Wind全A策略5.4%的年化收益率，甚至超过了同时期万得偏股混合型基金指数11.5%的年化收益率。考虑到"景气度预期"行业做多组合仅仅配置了行业，便能够跑赢在组合中进一步选股的偏股混合型基金指数，这足以证明"景气度预期"行业做多组合的有效性。同时，做多行业组合在胜率上也具有良好的表现，尤其是一级行业层面构建的组合相对Wind

全 A 策略的年度胜率高达 85.7%。

表 4-2 "景气度预期"行业做多组合均跑赢万得偏股混合型基金指数

策略	策略净值	年化收益率（%）	胜率（%）	最大回撤（%）	夏普比率	回溯区间
景气度预期前 3 一级行业	2.35	13.8	85.7	32.0	0.502	6 年 8 个月
景气度预期前 5 一级行业	2.07	11.7	85.7	30.0	0.435	6 年 8 个月
景气度预期前 3 二级行业	2.45	14.5	57.1	44.2	0.402	6 年 8 个月
景气度预期前 5 二级行业	2.18	12.6	57.1	36.0	0.388	6 年 8 个月
万得偏股混合型基金指数	2.05	11.5	57.1	24.7	0.497	6 年 8 个月
Wind 全 A 策略	1.41	5.4	—	30.6	0.126	6 年 8 个月

资料来源：Wind，广发证券策略团队。

"景气度预期"行业做多组合获得显著的超额收益，证明了景气度预期改善最为明显的行业在股价表现上能够领先。反向思考，景气度预期恶化最为突出的行业，是否会在股价上有非常差劲的表现呢？基于此思路，可以构建"景气度预期"行业做空组合，具体构建方法与行业做多组合类似：总共构建一级行业组合和二级行业组合 2 个行业组合，选取出的行业同样均等权配置，月度调仓，唯一不同的是，选取的行业是景气度预期综合得分最为靠后的后 3 和后 5 行业。换言之，通过反向操作"景气度预期"行业做多组合，我们可以得到"景气度预期"行业做空四大组合：景气度预期后 3 一级行业组合、景气度预期后 5 一级行业组合、景气度预期后 3 二级行业组合与景气度预期后 5 二级行业组合。

历史数据表明，"景气度预期"框架在筛选表现差劲的行业上也具有非常突出的效果，如表 4-3 所示。四大"景气度预期"行业做空组合在 2016 年 1 月 31 日至 2022 年 8 月 31 日的表现均非常差劲——四大组合在策略净值、年化收益率、夏普比率与最大回撤方面均大幅落后于 Wind 全 A 策略，同时，跑赢 Wind 全 A 策略的概率均大幅低于 20%。具体来看：①年化收益率方面，四大组合 2016 年以来的净值均实现了负的收益，年化收益率均接近或低于 –4%，显著跑输 Wind 全 A 策略；②胜率方面，后 3 一级行业组合和后 5 二级行业组合跑赢 Wind 全 A 策略的概率为 0，基本年年跑输，而后 5 一级行业组合和后 3 二级行业组合跑赢概率也低至 14.3%，均显著跑输 Wind 全 A 策略；③最大回撤方面，四大组合最大回撤均显著大于 Wind 全 A 策略，其中基于二级行业的两个组合的最大回撤均超 50%，表现非常差劲。

表 4-3 "景气度预期"行业做空组合"反向做多"效果非常突出

策略	策略净值	年化收益率（%）	胜率（%）	最大回撤（%）	夏普比率	回溯区间
景气度预期后 3 一级行业	0.64	–6.5	0.0	48.8	–0.560	6 年 8 个月
景气度预期后 5 一级行业	0.78	–3.8	14.3	42.1	–0.393	6 年 8 个月
景气度预期后 3 二级行业	0.52	–9.5	14.3	60.5	–0.533	6 年 8 个月
景气度预期后 5 二级行业	0.67	–5.8	0.0	51.1	–0.411	6 年 8 个月
万得偏股混合型基金指数	2.05	11.5	57.1	24.7	0.497	6 年 8 个月
Wind 全 A 策略	1.41	5.4	—	30.6	0.126	6 年 8 个月

资料来源：Wind，广发证券策略团队。

"景气度预期"行业做空组合对于投资者最大的价值在于定位回避的行业。四大组合定位出来的 5 个一级行业和 5 个二级行业，是在彼时景气度预期恶化最为显著的行业，也因此股价表现显著较弱。投资者可以通过减少对应行业的配置甚至回避相应的行业，从而一定程度减少自己组合的下行风险，改善组合整体表现。

"景气度预期"行业做空组合如此出色的原因在于"景气度预期"恶化是股价下跌的充分条件。之所以"景气度预期"行业做空组合能够持续跑输市场，是因为对于任一行业来说，虽然导致股价下跌原因可能有许多，但只要该行业景气度预期位于全行业末尾，且景气度预期趋势下行，市场对该行业的产业周期、营收增速等方面的预期就会恶化，公司的盈利和估值前景也将恶化，进而带来股价的下跌。换言之，单纯的景气度预期上行未必能使股价上涨，有时还需要其他条件的共同配合才能使股价一飞冲天；但景气度预期下行却必然带来股价下跌，条件一旦满足，股价往往就面临巨大的下行压力。

总结

以上是我们给出的全行业比较第一个框架："景气度预期"框架，所依据的主要是分析师对盈利或收入的预测数据。但在行业比较中，我们还需要关注并跟踪行业真实财报情况以及中观景气度数据，这对研判当下及未来行业景气度同样至关重要。在下一节的全行业比较第二个框架中，我们将聚焦上市公司财报的分析，探讨如何通过季度财务数据观察行业产能周期，继而做全行业的比较评价。

4.2 全行业比较框架二：产能周期新视角

本节我们介绍全行业比较的第二个框架——产能周期框架。不同于上一节中"景气度预期"框架中所依据的分析师预测数据，本节产能周期框架依据的是上市公司真实的财报数据。作为透视行业景气度、企业运行情况的重要手段，上市公司财报分析一直是行业比较的重中之重。而对产能周期的判断则是观察和分析上市公司财报的核心目的之一，因此产能周期也是行业比较中的关键因素。

下面我们先回顾 A 股历史上出现的三轮产能"收缩 - 扩张"周期，并对前两轮的产能扩张做详细的分析，在此基础上总结出稳健的产能扩张所需要的条件，即 2 大前提与 3 张财务报表同时修复。

4.2.1　2003～2019 年，A 股经历了三轮产能扩张周期

一般来说，上市公司的产能扩张一般分为"三步走"：首先是各类资产支付现金流增加，接着是在建工程增加，最后体现为固定资产的增加。通常来说，A 股非金融公司构建各类资产支付的现金流同比增速是会领先在建工程同比增速 2～4 个季度的，但受到固定资产处置、减值、折旧等扰动，A 股非金融公司在建工程增速向固定资产增速的传导有时并不十分通畅。因此我们一般以 A 股非金融公司的在建工程同比增速作为判断 A 股产能周期的标准。

2003～2019年，A股共经历三轮产能扩张周期。第一轮是在2005年第4季度到2008年第3季度，A股非金融公司在建工程增速由低点的8.5%提升至68.5%，提升幅度为60个百分点，产能扩张历时11个季度；第二轮是2010年第3季度至2012年第1季度，在建工程增速由1.3%升至26.9%，提升幅度为25.6个百分点，扩张时长为6个季度；第三轮是2018年第1季度至2019年第1季度，在建工程增速在4个季度内由2.4%提升至14.9%，提升幅度为12.5个百分点，如图4-2所示。

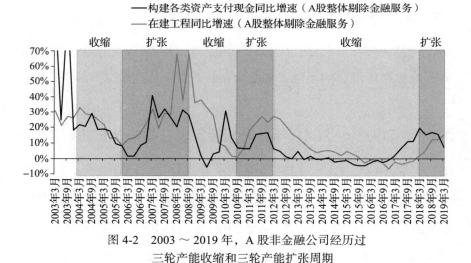

图4-2　2003～2019年，A股非金融公司经历过
三轮产能收缩和三轮产能扩张周期

资料来源：Wind，广发证券策略团队。

在三轮产能扩张周期之前，A股同样经历了三轮产能收缩的过程：第一轮是2004年第1季度至2005年第4季度，在7个季度内A股非金融公司的在建工程增速由32.9%快速下滑至8.5%；

第二轮是 2008 年第 3 季度至 2010 年第 3 季度，在建工程增速自 68.5% 的高位迅速下滑至 1.3%，收缩时长为 8 个季度；第三轮是 2012 年第 1 季度至 2017 年第 4 季度，在建工程增速自 2012 年第 1 季度触顶至 26.9% 后，持续下行至 2016 年第 4 季度的最低点 −6.7%，在连续 9 个季度的负增长后，于 2018 年第 1 季度由负转正，如图 4-2 所示。

4.2.2 产能扩张经典案例一（2005～2008 年）：出口扩张，房地产投资火热

2005 年末，在出口规模持续的快速扩张，房地产投资重燃活力的背景下，一波大的产能扩张就此开启。自 2001 年加入世界贸易组织以来，我国出口增速快速抬升，对外贸易逐渐成为推动经济增长的重要动力。2005～2008 年，我国出口金额自 7620 亿美元快速增长至 14 307 亿美元，增幅高达 88%，复合增长率高达 23.4%；而货物和服务净出口对 GDP 的贡献率则由 2004 年的 −4.2% 快速攀升至 2005 年的 12.5%，并随后连续 3 年高于 10%。房地产方面，2005 年 8 月国务院发布《关于促进房地产市场持续健康发展的通知》，开启新一轮房地产牛市，房地产投资重燃活力，房地产投资增速于 2005 年末触底后开始持续回升。在出口 + 房地产双重扩张的刺激下，上市公司开始新一轮产能扩张，A 股非金融公司的在建工程同比增速由 2005 年第 4 季度的 8.5% 快速上行至 2008 年第 3 季度的 68.5%，产能扩张历时 11 个季度。

在出口和房地产的双重刺激下，本轮产能扩张实际上伴随着利润表、现金流量表、资产负债表的同时修复。

（1）从利润表角度看，A股非金融公司的ROE于2006年第1季度触底后持续回升。伴随盈利稳步改善，企业开启资产负债表的自发性修复，有息负债率趋势性持续回落。同时，A股非金融公司的净现金流于2006年第2季度由负转正，累计净现金流占收入比例快速抬升，现金流量表改善。在此期间，出口链、房地产链相关细分行业的产能扩张更为突出。受益于出口链条的家用电器、纺织服装、化学纤维和房地产链条上的采掘、有色金属、建筑材料、建筑装饰等行业的在建工程增速提升速度和斜率均明显大于A股非金融公司的平均水平。

具体来看，从利润率的角度，在2005～2008年的产能扩张期间，利润表在出口链和房地产链带动下发生了非常明显的改善。在"出口+房地产"双轮驱动下，名义GDP受拉动高速增长，从而拉动A股非金融公司的收入增速在本就较高的基数下继续上行，自2006年第1季度的19%上升至2008年第3季度的30%。受收入改善带动，A股非金融公司的产能利用率，即固定资产+在建工程周转率，不断提高。同时，A股非金融公司的ROE于2006年第1季度触底后向上快速回升，由2006年第1季度的6.9%升至2008年第3季度的11.2%。

在众多受益的行业中，出口链和房地产链相关行业的盈利改善更为明显。出口链中，家用电器、纺织服装、化学纤维等行业在本轮产能扩张期间的盈利增速和 ROE 提升幅度基本大于 A 股非金融公司的平均改善幅度。而在房地产链条中，采掘、有色金属、建筑装饰、建筑材料等行业在本轮产能扩张期间的盈利增速和 ROE 的改善幅度基本好于 A 股非金融公司的平均修复幅度。

（2）而从现金流量表的角度，自 2006 年第 1 季度起，A 股非金融公司的现金流量表持续改善。从现金流量表整体来看，A 股非金融公司的现金占总资产比例在 2006 年第 1 季度达到了底部，之后不断抬升，代表着其净现金流情况持续改善。筹资现金流则自 2005 年第 4 季度触底回升，于 2006 年第 3 季度由负转正后，进入极高速增长的时期。

A 股非金融公司的经营现金流也在 2006 年第 1 季度触底后回升。2006 年第 1 季度后，销售商品或提供劳务收到的现金增速震荡上行，这代表着经营现金流实质上明显改善。在扩张中后期经营现金流恶化的主要原因是企业自 2007 年第 4 季度开始购买商品、接受劳务支付的现金增速超过销售商品、提供劳务收到的现金增速，且差值不断扩大。补库存是造成经营现金流增速下行的主要因素，但这只是现金形态的变化，不妨碍经营活动创造现金流的能力，即销售商品、提供劳务收到的现金持续改善。

（3）从资产负债表的角度看，在 2005～2008 年的产能扩张期间，A 股非金融公司的资产负债表从整体和结构上均得到改善。2006 年第 1 季度起，A 股非金融公司的有息负债率自高位快速下行，企业有息债务压力得到释放。从结构上看，A 股非金融公司的长期有息负债率低位震荡，短期有息负债率下行，企业负债结构也是得到了优化的。

从2005~2008年的产能扩张的这一案例，我们能够看到，在出口和房地产的加持下，A股非金融公司的利润表、现金流量表和资产负债表均得到了改善。

4.2.3 产能扩张经典案例二（2008~2012年）：受"四万亿"外部刺激的产能扩张

2008年末，时任国务院总理温家宝在国务院常务会议上首次推出"四万亿"基建计划，同期，各部委连续密集推出一系列房地产新政大力支持房地产，包括下调契税、印花税、土地增值税、贷款利率等，推动新一轮产能扩张周期开启。A股非金融公司于2009年第3季度开启了产能扩张的第一步，即大幅支付现金构建资产，构建各类资产支付的现金同比增速由负转正后快速上行，其后，于2010年第3季度进入产能扩张的第二阶段，即前期投资的现金开始转化为在建工程，在建工程同比增速在2010年第3季度触底回升至2012年第1季度，扩张持续6个季度。

在"四万亿"投资计划和房地产政策刺激下，本轮产能扩张中资产负债表和利润表修复，而现金流量表恶化。A股非金融公司的ROE于2009年第2季度触底并持续回升，之后保持高位震荡，利润表改善。同时，A股非金融公司的有息负债率自2010年第1季度起趋势性下行，资产负债表整体被修复。而2009年以来

A股非金融公司的累计净现金流占收入比例持续下滑，应收账款快速提升，意味着现金流量表其实是恶化的。但由于政府项目应收账款信用较高，转化为现金流的概率较大，经营现金流的恶化得到了"高信用"的"补偿"，因此现金流量表的恶化在这一阶段是可以忍受的。

本轮产能扩张的主要表现是基建和房地产相关的产业链快速扩张，同时带动了消费的大幅复苏。基建、房地产链中的有色金属、建筑材料、机械设备和消费链中的食品饮料、家用电器、休闲服务等行业的在建工程同比增速提升速度均显著高于A股非金融公司的平均水平。

（1）具体来看，我们首先关注利润表，在2010年第3季度到2012年第1季度期间，A股非金融公司的利润表各项指标在基建和房地产投资的拉动下均有了非常明显的改善。在经济下行压力较大的背景下，"四万亿"计划充分释放基建作为内需调节器的潜力，再加上宽松的房地产政策，推动A股非金融公司的收入和净利润迅速提升，ROE、产能利用率也快速上行到了历史高位。

基建、房地产和消费的相关细分行业利润表的改善更为突出。在基建、房地产链中，有色金属、建筑材料、机械设备等行业在本轮产能扩张期间的盈利增速和ROE的上升幅度均优于A股非金融公司的平均改善幅度。消费链中，家用电器、休闲服务、食品饮料等行业在本轮产能扩张期间的盈利增速和ROE的改善幅度均优于A股非金融公司的平均修复幅度。

（2）从现金流量表来看，上文提到的在本轮产能扩张期间，现金流量表实际上有微幅的"恶化"，其主要原因是经营现金流持续大幅度的负增长。在本轮产能扩张期间，A 股非金融公司的现金占总资产比例在 2011 年第 1 季度触顶后快速回落，经营现金流同比增速自 2009 年第 1 季度触顶后快速回落，并于 2010 年第 1 季度由正转负，随后连续 2 年呈较大幅度的负增长，扩张期间的筹资现金流虽始终保持负增长，但负增长幅度较小。

经营现金流的恶化其实源于周期类行业基建项目应收账款账期的延长。"四万亿"政策背景下，不同行业间应收账款回款能力呈明显的分化：周期类行业因政府项目占比提高，应收账款账期延长，应收账款周转率于 2009 年快速下降，回款能力下降；而可选消费、必需消费的应收账款周转率则呈上行趋势。因此 A 股非金融公司应收账款周转率的恶化主要源自周期类行业。由于政府项目应收账款天生具备"高信用"，未来转化为经营现金流的概率较大，现金流量表的恶化得到了"补偿"，因此也可视作现金流量表的修复。

4.2.4　稳健的产能扩张的前提与条件

综合 2005 ～ 2008 年及 2008 ～ 2012 年的案例，我们可以总结出：稳健的产能扩张实际是需要前提和条件的，如图 4-3 所示。我们认为需要满足"2+3"的条件。

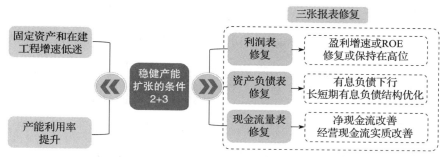

图 4-3 稳健的产能扩张需要具备的"2+3"的条件
资料来源：Wind，广发证券策略团队。

"2"大前提包括：

①过去几年投资意愿不强，固定资产和在建工程增速持续低迷，未来缺乏新产能的供给。

②企业产能利用率，即固定资产+在建工程周转率，持续回升，旧产能的利用率提升，推动企业投放新产能，为新增产能提供内在动能。

"3"张财务报表同时修复包括：

①盈利增速或 ROE 向上修复或维持在高位，推动利润表持续改善。

②利润表修复前提下，企业资产负债表开始修复，有息负债率下行至合意水平，为未来主动加杠杆留出空间。

③现金流量表修复，经营现金流或筹资现金流的实质性改善保证持续"造血"，以支持产能扩张下投资性现金流的上行。

总结

上述两节我们为读者梳理了全行业比较的两个框架，第一个框架为基于分析师预测数据的"景气度预期"行业比较框架，第二个框架为基于真实财报数据的产能周期框架。接下来的两节我们将行业比较的视角进一步聚焦到新兴产业领域。如前所述，新兴产业相比于传统型行业更具成长属性，在估值、盈利、产业驱动力等方面具备自有特性，因此我们有必要对新兴产业从估值、景气度、渗透率、资金配置等维度单独建立行业比较框架。

4.3　新兴产业比较框架：重构与衍生

本节我们聚焦新兴产业行业比较，从三个维度搭建比较框架：①新兴产业行情驱动力及估值方法；②新兴产业行业景气度指标跟踪与渗透率框架；③新兴产业基金配置及资金情况，包括公募基金和北向资金等。

4.3.1　维度一：新兴产业行情驱动力及估值方法

（1）对于行情驱动力　观察 2015 年以来 12 大新兴产业以及 102 个细分行业的行情走势，我们发现新兴产业大多有两到三段长周期可以跑赢大盘（除科创板的 Wind 全 A 指数）。我们对新兴产业取得显著超额收益的区间进行复盘，以探究其背后的产业驱动力变迁，主要从三个视角出发：①宏观背景，②政策因素，③中观产业核心驱动力。受宏观及中观因素的推动，新兴产业存在显著的产业周期，且形成了阶段性的大行情，如图 4-4 所示。

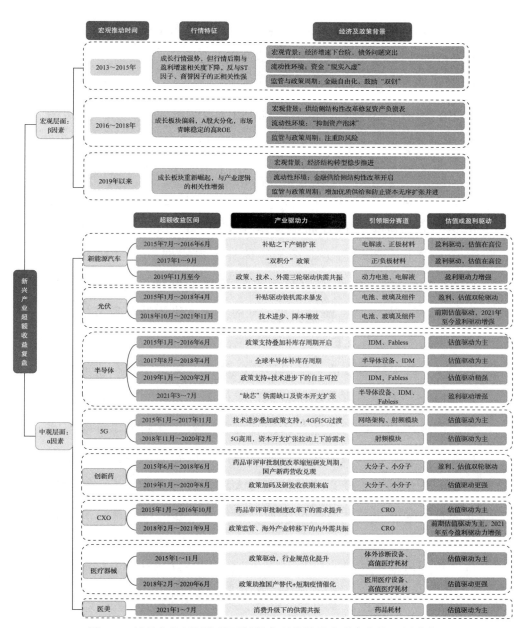

图 4-4 新兴产业超额收益区间的宏观背景及中观产业核心驱动力
资料来源：Wind，广发证券策略团队。

以新能源汽车行业为例，2015～2021年，新能源汽车共有三个阶段显著跑赢大盘，三段阶段分别为：①2015年7月至2016年6月，该阶段行情发展的主要驱动力为补贴下的产销扩张；②2017年1～9月，行情主要驱动力为"双积分"政策；③2019年11月至2021年11月，产业层面的主要驱动力为政策、技术、海外需求三轮驱动下的供需共振。2015年以来，半导体行业共有四段区间跑赢大盘，分别为：①2015年1月至2016年6月，行情驱动力为政策支持叠加半导体补库存周期；②2017年8月至2018年4月，驱动力为全球半导体补库存周期；③2019年1月至2020年2月，驱动力为政策支持及技术进步下的国产替代；④2021年3～7月，驱动力为"缺芯"下的供需缺口带来的行业高景气度和资本开支扩张。

（2）对于估值方法　根据传统的估值方法，新兴产业可以采用市盈率、市净率等方法进行估值，但由于新兴产业盈利模式多样，产业周期、成长曲线与传统行业差别大，我们可以针对不同行业采取创新的估值方法，但股票估值的核心仍然围绕股东未来回报的折现展开。新兴产业估值可大致分为以下步骤：①厘清行业属性；②界定产业所处的生命周期位置；③对以上两点和不同估值方法所适用的情境进行匹配，选定合适的估值方法并予以评价。我们根据12大新兴产业链基本特征，在结合各行业估值方法分析后，针对每个一级新兴行业提出更为适用的"新"估值方法，如表4-4、表4-5所示。

表 4-4　新兴产业成长股主要估值方法

类型	估值方法	优点	缺点
实现盈利与收入的公司	市盈率方法（PE）	计算简便，考虑了公司的未来收益预期，以及公司、行业的成长性	EPS受会计报表编制和企业生命周期变化的影响较大，盈利增速极高或为负的企业不适用
	市净率方法（PB）	每股净资产通常为正且相对每股收益更稳定	无法准确衡量无形资产的价值，不适用于净资产规模小或轻资产企业，不适合测算公司成长性
	市销率方法（PS）	营收指标不会为负值，适用范围较广，销售收入相对净利润和净资产精确度更高。适用于市场渗透存在较大不确定性的产品	营收不能反映企业创造价值的能力，对于成本波动较大的企业预测精度较低。无法反映收入结构
	市现率方法（PCF）	适用于盈利水平波动大，但现金流稳定的公司	不适用于研发投入周期长、现金流不稳定的公司
	PEG方法	更好地考虑了企业的成长性，可以优化对高市盈率企业的估值	忽视企业当前的盈利能力，不能对亏损企业进行估值，企业未来增长率不易准确估计
	市研率方法（PRR）	反映企业技术优势和行业竞争力	不适用于不依赖产品技术研发的行业。未必真实反映研发效率
尚未实现盈利与收入的公司	成本分析法	适用于不确定性较高的项目	难以反映真实资产的经营效果
	市场分析法	市场上已具备类似或可比标的	受选择指标影响较大
	预期收益分析法	DCF、rNPV可根据风险调整	预测难度较大，受主观判断影响较大
	实物期权法	更贴合实际	计算复杂

资料来源：Wind，广发证券策略团队。

表 4-5　12大新兴产业一级行业适用估值方法

一级产业	适用估值方法	行业特点
5G	PE（TTM）	收入、盈利稳定
CXO	PEG	快速扩张阶段，盈利增长速度极快

（续）

一级产业	适用估值方法	行业特点
C端医疗服务	PS（TTM）	盈利波动大，现金流不稳定，拥有轻资产行业特性
半导体	PEG	行业规模快速扩张阶段
创新药	PRR、PS（TTM）	研发投入成本较大，净利润被成本抵消，营业收入反映其市场优势和竞争力
工业互联网	PS（TTM）	净利润波动大，拥有轻资产行业特征
光伏	PEG	行业波动较大
新能源汽车	PEG	新能源汽车未来增长空间较大，当期盈利水平不能很好地反映其未来趋势
医疗器械	PE（TTM）	医疗器械行业盈利相对稳定，波动并不剧烈
医疗信息化	PS（TTM）、PCF	医疗信息化盈利水平不稳定，部分时期存在利润为负的情况
医美	PCF	行业处于快速成长期
智能汽车	PCF	盈利较为稳定，拥有轻资产行业特征

资料来源：Wind，广发证券策略团队。

4.3.2 维度二：新兴产业行业景气度指标跟踪与渗透率框架

对于新兴产业各行业景气度，我们通过纵向与横向比较进行分析。

（1）纵向比较来看，部分行业核心关注的景气度指标存在共性，例如新能源汽车行业始终关注终端产品出货量，比如2016～2019年的新能源汽车、光伏行情都受到政策影响。

（2）横向对比来看，部分行业核心关注的景气度指标亦存在共性。例如，创新药、医疗器械、医美、半导体都需关注国产替代的重要性，强调核心研发技术的国产替代进程；半导体、光伏行业关注供需缺口的影响，以及材料、产品等的量价；新能源汽车、光伏行业需关注技术进展带来的降本增效、产品平价竞争力提升等。

通过关注新兴产业景气度的变化及带来超额收益的核心驱动力的演变对为行业建立景气度跟踪框架和投资具有指导意义。我们通过对新兴产业的景气度及驱动力分析得到以下结论：①对于市场空间大、确定性强的领域，超额收益往往先于景气度指标出现；②在政策驱动下，超额收益的开始与结束均领先于景气度变化，但在技术因素主导的行情中，超额收益与景气度具有较强的同步性；③不同阶段产业核心驱动力不同，跟踪的核心景气度指标亦将有所差异。

我们同样以半导体行业为例，半导体行业的景气度主要可以从需求端或销售端、供给端、库存端三个维度进行分析。根据半导体行业及其产业链特点，我们将分别选取这三个维度中最具代表性的指标追踪半导体行业景气度。历史上半导体行业的三轮行情中，第一、二轮由库存周期驱动，主要跟踪 IC 设计公司库存，第三轮由供需缺口驱动，主要跟踪半导体销售量和价。第一轮盈利上行滞后景气周期约 1 个季度，第二轮盈利上行与景气周期同步，第三轮盈利上行滞后景气周期约 2 个季度。

而新能源汽车行业的景气度主要可以从产业链上游、中游、下游和配套设施四个维度进行分析。根据新能源汽车行业及其产业链特点，我们分别选取这四个维度中最具代表性的指标追踪新能源汽车行业景气度。第一轮行情主要由政策（补贴）驱动，第二轮由技术提升驱动，政策和供需缺口助力，主要跟踪新能源汽车产销量。第一轮盈利周期滞后景气周期约5个季度，第二轮盈利周期与景气周期同步。

除景气度指标外，我们还需分析新兴产业渗透率的三个阶段特征。从时间维度上看，三段新兴产业周期发展所处的阶段不同，但市场对于三个阶段的业绩容忍度、股价表现、估值却表现出惊人的相似。如图4-5所示，我们以渗透率作为主要的参考坐标，根据产品渗透率的水平，将新兴产业发展周期概括为破壁渗透期、高速渗透期和饱和渗透期。破壁渗透期是指渗透率约为0%～20%，在产业加速爆发初期，受技术革新、政策出台或爆款产品发售等驱动力催化，行业发展趋势欣欣向荣。高速渗透期是指渗透率约在20%～40%，新产品仍然处于高速渗透状态，但是一些代表性公司的业绩开始出现边际下降，市场愿意给予的估值水位也明显降低，行业的赚钱效应开始下降。饱和渗透期是指渗透率抬升放缓，并接近上限（40%以上），新商品或新应用场景逐渐到达成熟期，逐渐进入稳态并接近饱和，行业的盈利增速可能出现进一步下降。

渗透率框架的意义在于为我们对新兴产业的未来行情判断提供参照。从投资的角度来看，处于破壁渗透期的行业是最具投资价值的，少数玩家享受行业的增量红利，同时市场也能给予更高的估值，盈利与估值双驱动使得这一阶段是赚钱效应最显著的时期。而进入高速渗透期后，伴随着龙头公司业绩增速和估值水平

第 4 章 | 行业比较：风格中心的指示牌　143

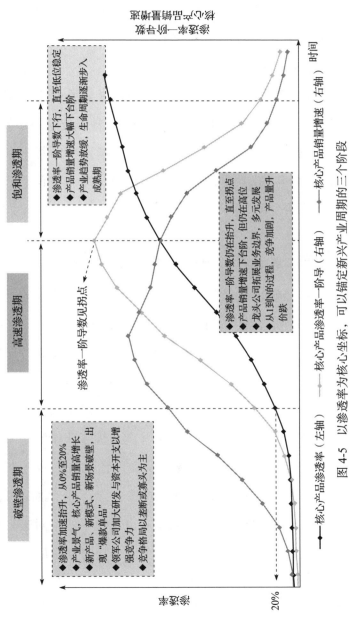

图 4-5　以渗透率为核心坐标，可以锚定新兴产业周期的三个阶段

资料来源：Wind，广发证券策略团队。

的下降，股价容易出现较大的波折，赚钱效应会有明显下降，进入饱和渗透期后这种特征会更加明显，我们只能去寻找行业中一些细分领域的机会，投资的难度会增加。

所以站在投资的角度，渗透率为我们选择优质的新兴产业提供了两种思路：①如何寻找处于破壁渗透期（赚钱效应最显著）的产业？②如果某一个行业当下已经处于高速渗透期乃至饱和渗透期，我们应该如何寻找其中细分领域的机会？我们将在下一节为读者详细解答这两个问题。

4.3.3 维度三：新兴产业基金配置及资金情况

资金持仓与偏好情况是帮助我们进行新兴产业比较的第三大维度，我们分为公募基金和北向资金两部分来看：

（1）首先是公募基金，这类资金对新兴产业始终保持超配状态，2017年以来，公募基金对A股新兴产业重仓配置意愿提升，总体上以增持为主，并且对于高景气度行业的持仓趋于集中，例如2022年第3季度对新能源汽车、风电、光伏等新能源领域的持仓比例较高。公募基金的配置状况以及交易情况在一定程度上能够提示行业投资风险，行业受到超配或基金持仓过于集中可能预示着"过热"。所以基金持仓情况的变动也反映了资金对于行业未来景气度的判断，例如在2022年第2季度，当时需求旺盛、景气度高企的新能源链条（新能源汽车、光伏和风电）是公募基金加仓最为突出的方向，而处于产业周期下行中的半导体产业链（尤其是设计环节，包括数字和模拟芯片），以及短期内难以兑现业绩的数字经济成为基金减仓的方向。

（2）其次是北向资金，作为全球配置资金，其配置偏好能够较好反映 A 股新兴产业中的中国特色和中国优势。北向资金是 2016 年以来 A 股最大且最稳定的增量资金之一，且自 2017 年 3 月以来，北向资金青睐的股票组合相对大盘和股票基金指数持续获得超额收益，"大资金"和"聪明钱"的特质也使得北向资金的配置偏好具备较强的参考意义。具体来看，资金布局常集中于某些特定环节，以中国优势领域为主，如动力电池、电池及组件和 CRO。从持仓市值占行业自由流通市值比重角度来看，北向资金对新能源汽车、光伏、医疗器械、CXO 的交易话语权较高。

总结

本节中我们从产业驱动力与估值方法、景气度与渗透率和资金配置三个维度搭建了新兴产业完整的行业比较框架，在第二个维度的渗透率概念中，我们做了渗透率三个阶段特征的初步总结，但实际上整个渗透率框架还包含渗透率驱动力的衡量、渗透空间的测算，以及渗透率与产能周期相结合。为便于读者对整个框架的完整理解，我们接下来将用一节的篇幅对渗透率框架做详细展开。

4.4　新兴产业比较示例：渗透率框架精讲

在第三节的新兴产业比较框架中，其中一个细分维度是渗透率框架，我们对这个框架做了初步介绍并留下了两个问题尚未解答：①如何寻找处于破壁渗透期（赚钱效应最显著）的产业？②如果某一个行业当下已经处于高速渗透期乃至饱和渗透期，我们应该如何寻找其中细分领域的投资机会？在本节中我们将对渗透率的完整体系做出精讲，首先沿用上节中渗透率的三阶段框架，以历史上的三段经典案例来做辅助验证，然后再分别回答这两个预留的问题。

4.4.1　渗透率三阶段框架与三段经典案例

如上节所述，我们以渗透率作为主要的参考坐标，根据产品渗透率的水平，将新兴产业发展周期概括为破壁渗透期（渗透率约为 0%～20%）、高速渗透期（渗透率约在 20%～40%）和饱和渗透期（40% 及以上）。我们发现，处于同一发展阶段的新兴产业，尽管时间上有先后，但是在①产业趋势、②盈利特征、③股价特征、④估值特征四个方面上却表现出惊人的相似。

为便于读者理解，我们穿插历史上三段经典案例：① 2007～2014 年技术突破及爆款产品催化下的智能手机产业，② 2010～2016 年技术突破叠加政策驱动下的安防高清摄像头产业，③ 2012～2017 年流量红利及商业模式创新下的移动互联网产业。观察这些新兴产业在历经上述三个阶段过程中都表现出了哪些共性。

1. 破壁渗透期（渗透率为 0% ～ 20%）：新产品从 0 到 1，产业趋势欣欣向荣

（1）产业趋势特征：①新技术驱动下，新产品、新模式、新场景出现，出现"爆款单品"，驱动产业新场景对传统用户习惯形成渗透；②少数有前瞻性的领军公司贴上新产业标签，加大研发与资本开支以增强竞争力，该阶段技术驱动力较强，但基本上是少数项关键技术的突破；③竞争格局以垄断或寡头为主，因技术或资本壁垒，增量市场的蛋糕并不易得，破壁渗透期为产业趋势启动初期，市场玩家主要为具备先发优势的龙头公司，其在行业格局中的主导权较大。

（2）盈利特征：龙头公司业绩强劲，盈利增速可以达到100%以上，ROE 中枢为 25% ～ 35%。破壁渗透期，一方面是强劲的产业发展趋势，另一方面是少数竞争参与者环境，使得龙头公司在这一阶段可以尽享产业红利的蛋糕，业绩呈现高速增长的特征。在这一阶段内，即使有基数原因带来的营收和盈利增速放缓，但依然会看到较高的绝对增长水平。个别情况下，受不可控外力影响，部分赛道龙头公司盈利可能短期受损，但均可较快恢复。这一阶段各新兴产业龙头公司的 ROE 大多抬升，部分龙头公司甚至可以实现 25% ～ 35% 的 ROE 水平。ROE 的主要驱动力是资产周

转率，新需求的增长超过了扩产的速度。部分龙头公司实现了利润率与周转率的双向驱动。

（3）股价特征：赚钱效应最显著的时期，股价可涨 3～6 倍。在破壁渗透期，全新领域的代表公司的赚钱效应是最显著的，绝对股价大多可上涨 3～6 倍，这一期间相较 Wind 全 A 指数超额收益多在 200%～600%。同时由于市场对于未来的产业趋势预期未有明显恶化，龙头公司的盈利中枢位于 40%～80%，因此市场并未对业绩趋势的短期放缓有太大反应。但是如果遇到对经济整体的放缓预期，牵连到对产业景气度的质疑，市场会短暂担忧下跌。这一阶段，龙头公司的股价调整多与业绩担忧不相关，持续时间在 1～2 个月，回调幅度在 20%～30%。在高估值及高涨幅下，股价调整或由于交易筹码密集调仓，或由于限售股解禁引发的情绪波动导致，受到业绩担忧的影响不大。

（4）估值特征：市场会给予高估值并驱动股价上行，PE 估值多在 60～120 倍。高景气度驱动的上涨行情下，龙头公司估值往往会抬升至 60～120 倍，并且往往达到整个产业发展周期的高位，也就是"拔估值"最快的阶段。由于产业趋势强劲，多数龙头公司的估值及业绩可双双增长，共同驱动股价上升实现超额收益。

2. 高速渗透期（渗透率在 20%～40%）：新产品从 1 到 N，龙头公司业绩增长降速，估值出现下降

（1）产业趋势：公司从 1 扩展到 N，竞争加剧。①虽然核心产品出货的增长速度开始放缓，但是依旧保持在高位，比如 2011 年第 1 季度～2012 年第 3 季度期间的智能手机和 2014～2015 年的移动互联网。②行业龙头公司拓展业务边界，开始加强资本运作，准备寻求多元化发展。再拿移动互联网举例，东方明珠开始注重手机电视业务，并由于政策支持的原因开展互联网电视机顶盒业务。③技术迭代需求上升，行业竞争加剧，竞争越来越剧烈导致产品价格下跌，进入"量升价跌"的渗透阶段。有些产品行业内较为分散，比如 2011 年的智能手机，行业高景气度吸引国产智能手机加速入局。再如移动互联网，手游发行市场竞争日趋激烈。终端应用市场也经常爆发价格战，比如美团与饿了么。在安防高清摄像头市场，龙头公司如海康威视与大华股份在 2013 年展开价格战。

（2）盈利特征：行业龙头公司业绩开始出现波动，盈利增速下降。这一阶段新产品虽然还是在加速渗透，但是由于竞争对手的进入、竞争格局的复杂化以及技术与产品更新的难度上升，公司的业绩已经过了增速最快的时候，龙头公司的营收增速开始下降，业绩开始"颠簸"。这一阶段新兴产业龙头公司的 ROE 仍保持平稳或继续上升，主要原因是供需尚未明显恶化，可以保持比较高的产品周转率。但是竞争格局的恶化和产品价格的慢慢下降使得龙头公司的利润率开始下降。同时，如果产品周转率开始恶化，那么即便利润率一直很平稳，ROE 同样也有下降的风险。从这里可以看出，对于新兴产业来说，产品需求增长一定要和企业资产扩张的速度相匹配，这点对于盈利能力的保持甚至提升来说更为重要。

（3）股价特征：部分企业股价跑输市场大盘，市场对于低于预期的"业绩颠簸"开始有明显反应。如果是"预期内"的盈利增速下行，即使盈利增速出现30%～60%的大幅下降，股价还是有绝对或相对收益。对于"预期外"的业绩下降，如业绩披露前分析师预测财报数字将要低于预期（即使仍在加速），或披露后实际数字低于预期，均会带来股价的绝对或相对跑输市场。最后，还有一种少数情形，即业绩"颠簸"之余，市场认为产业趋势已发生逆转，那么即使行业景气度较高，或业绩披露超预期，市场依然表现负面。

（4）估值特征：估值消化是主要特征，PE估值回到40～90倍中枢。高速渗透期龙头公司的估值面临被消化，股价出现震荡或阶段性调整。大多数公司的PE估值下行50%以上，回到40～90倍的中枢。估值泡沫被挤压后，行业高景气可能驱动龙头公司估值再次抬升，但难以回到破壁渗透期间的水平。比如智能手机领域，2012年2～8月歌尔股份、长盈精密、立讯精密、德赛电池的PE（TTM）估值虽然再度抬升，但仅处于前期高点一半位置。从移动互联网来看，2015年1～6月掌趣科技、网宿科技、东方明珠、科大讯飞的PE（TTM）估值再度快速抬升，但仅恢复至前期高点的三分之二左右。

3. 饱和渗透期（渗透率达40%以上）：行业的超额收益不复存在，仅优秀个股存在投资机会

（1）产业及盈利特征：产业从成长期迈入成熟期，盈利增速降至20%～30%中枢，毛利率下降拖累ROE下行。在渗透率的第三阶段（渗透放缓，接近行业渗透空间天花板），新兴产业的生命周期进入成长期的尾声，逐步向成熟期过渡。以核心产品出货量来观测，出货量增速显著放缓。

从行业景气度来看，市场逐渐由争夺增量蛋糕演变为存量博弈，龙头公司的盈利增速进一步下台阶（中枢约为20%～30%），毛利率拖累ROE开始下行（中枢约为10%～20%）。并且，市场上频繁出现业绩预测或业绩披露不及预期的声音。最后，各龙头公司ROE多出现趋势性下滑，且多数情况下是受利润率拖累。

（2）股价及估值特征：行业内公司股价普涨带来的超额收益消失，PE估值回到30～40倍的中枢水平。从股价表现来看，在这一阶段为各新兴产业带来超额收益的普涨行情大多结束，部分脱颖而出的个股市值再创新高。安防高清摄像头产业趋势预期于2013年变化后，超额收益行情随即终结，即便在2015年的牛市，海康威视、大华股份亦未跑赢市场。移动互联网龙头的超额收益行情亦多于2015年4月终结。智能手机龙头超额收益行情在2013年后终结，多数公司于2015年的牛市中仍跑输市场。仅剩下部分公司可穿越周期，重新取得绝对上涨和超额收益，市值再创新高。例如立讯精密于2016年智能手机步入成熟期之际重新取得超额收益，科大讯飞亦在2015年后移动互联网产业趋势放缓之际重新跑赢市场。

从估值来看，长周期内龙头公司估值仅在小周期内回升，但无法突破第一阶段的估值高点，且整体估值再下台阶，大多回到

30~40倍中枢。例如安防龙头公司，2015年估值虽有回升，但难以回到前期高点，最终估值中枢仍震荡下行。移动互联网龙头公司亦然，2015年中之后估值大多持续下行。智能手机龙头公司在2013年受创业板风格支撑估值抬升，但此后估值不断回落，整体中枢下台阶。

通过总结历史上三段经典案例，得到渗透率三阶段的特征如图4-6所示。

4.4.2 如何寻找处于破壁渗透期的产业

从上面的渗透率三阶段框架可以清楚看到，基于投资角度，处于破壁渗透期的行业是赚钱效应最好的，因此接下来我们先回答第3节中预留的第一个问题：如何寻找处于破壁渗透期的产业？

我们以渗透率为核心坐标，构建"当前渗透率－未来驱动力－渗透率天花板"的三维比较框架。基于这一框架，便可寻找渗透率位于破壁渗透期，且渗透率天花板较高的赛道，这些行业驱动因子强劲，具备较强的成长爆发力及持续力，最具投资价值。我们依次介绍这三个维度的指标。

（1）当前渗透率 当前渗透率可以通过可追踪的指标进行计算。"渗透率"的字面意义是"品类a的新增量/全品类A的新增量"，一些行业可以直接获取。渗透率＝当前替代率＝增量/存量，可以用销量、出货量、装机量、发电量、用户量等指标来衡量，

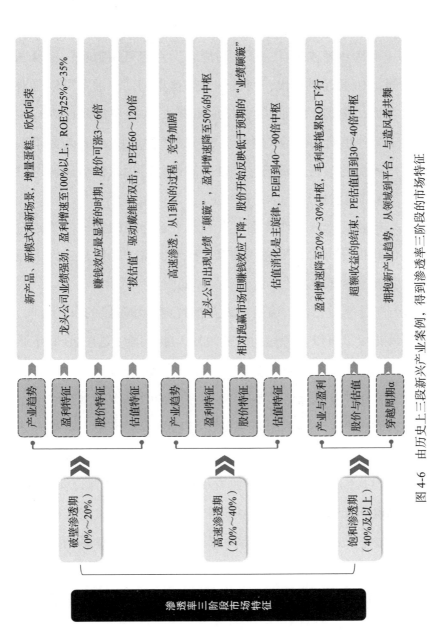

图 4-6 由历史上三段新兴产业案例，得到渗透率三阶段的市场特征

资料来源：Wind，广发证券策略团队。

代表了新兴行业在传统行业中的市场渗透水平。考虑到一些新兴产业是一个从0突破或自主可控的概念，它们可用市场份额及国产化率等指标来近似替代，间接计算。这里的"渗透"可以是对于用户习惯的渗透（例如VR、扫地机器人），也可以是国内自主可控对于海外供给的渗透（例如半导体国产替代）。一些新兴消费或对用户习惯的渗透，属于保有量的渗透，可用城镇居民使用户数占比（保有量渗透）等指标来衡量。

（2）未来驱动力　对渗透率当前水平进行刻画后，需要判定其能否快速提升。我们围绕"政策、技术、需求"构建三因子模型，以度量渗透率抬升的产业驱动力，如图4-7所示。

（3）渗透率天花板　渗透率天花板判定饱和阶段的市场空间。渗透率天花板①可以参考远期政策规划，如我国计划在2050年燃油车全面退出市场意味着新能源汽车存在接近100%的高天花板；②可以参考国内历史经验，如历史上客户端网游作为当时的主流游戏形式渗透率达94%，意味着时下移动游戏渗透率天花板有达94%的潜质；③参考海外成熟市场经验，美国半导体设备市场成熟，可作为我国半导体设备行业发展的指引；④估算行业空间，如对于风电和光伏行业来说，估算未来的电力市场发电结构能够指引其渗透率天花板；⑤预测指标值，如预测未来5G基站数目以衡量其天花板高度。

通过分析六个产业升级方向、三维度的渗透率追踪体系，得到相对占优的产业发展方向如图4-8所示：

第 4 章 | 行业比较：风格中心的指示牌　155

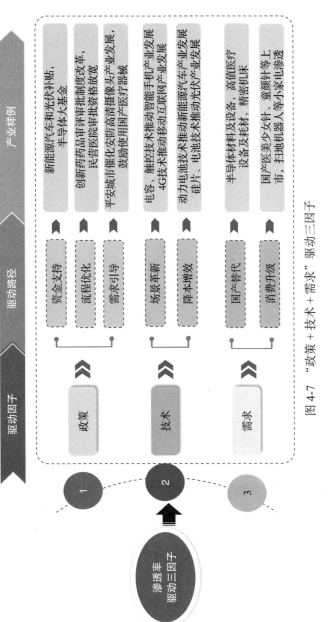

图 4-7 "政策 + 技术 + 需求" 驱动三因子

资料来源：Wind，广发证券策略团队。

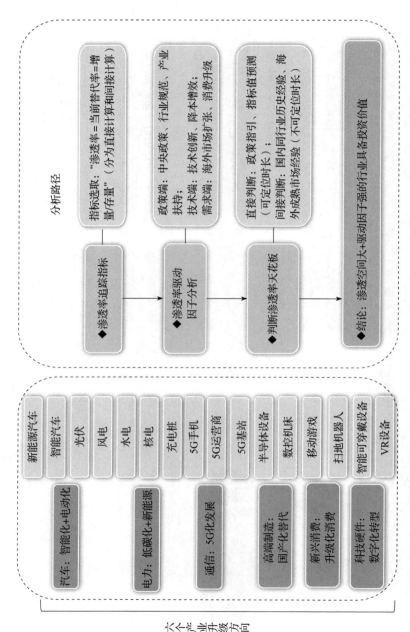

图 4-8 基于 2022 年 4 月数据，分析六个产业升级方向，三维度的渗透率追踪体系，得到相对占优的产业发展方向

资料来源：Wind，广发证券策略团队。

4.4.3 对于已经进入高速渗透期的产业，如何把握其中的细分领域投资机会

如前所述，在新兴产业由破壁渗透期迈入高速渗透期的时候，行业龙头公司业绩开始出现波动，盈利增速下降，并且股价对于业绩低于预期的情况开始有明显的反应，龙头公司的估值也会有显著的挤压。其中一个重要原因在于这一阶段竞争越来越激烈，容易爆发价格战，行业内公司的利润率也会受到影响。从产能周期的角度我们可以更深刻地理解为何在迈入高速渗透期的时候，行业容易出现产能扩张与竞争加剧，以及这种扩产如何影响企业盈利与股价表现。

从几段产业经验来看，从破壁渗透期迈向高速渗透期是扩产的关键时期，历史上智能手机、安防高清摄像头、SUV、PERC电池等经典的新兴产业渗透阶段，各产业都经历过大规模的资本开支扩张。为何这一时期容易出现集中的扩产？我们认为原因主要有两个。①当新产品渗透率从0%增长到20%附近的时候，通常也是上述新兴产业渗透速度提升最快的时候，蓬勃高增的需求预期会驱动产业各玩家做大蛋糕。比如2012～2014年，龙头公司海康威视、大华股份的安防产品销量增速均连续保持在90%～120%，2011年第3季度起安防设备行业大幅扩产，与需求爆发窗口吻合。②产能优势可以强化大客户黏性，也为产业链各竞争方提供了弯道超车的机遇。高速渗透期各玩家面临产业格局竞争复杂化，行业洗牌加剧的压力。而产能也是竞争力的重要

体现，拥有产能优势有利于保持大客户黏性。高速资本开支扩张后的理想状态，是通过产能扩张、规模优势来攫取市场份额，在渗透率提升、产业竞争格局复杂化的过程中脱颖而出。在产业格局未定时，企业超额利润逐渐与市场份额挂钩，因此加大资本开支亦有通过扩大有效产能、实现规模经济以抢占市场份额的目的。

大幅扩产如何影响企业盈利与股价表现？其主要逻辑在于持续大幅扩产会对产业ROE整体形成负面影响，可以从ROE的三个因子分别来看。①杠杆率：扩产需要资金支持，所以积极的资本开支扩张往往伴随着加杠杆，资产负债率提升对ROE形成支撑。②周转率：由于加大资本开支的直接结果是"资产"项目增长，因此如果收入的增速无法保持持续高涨，或者收入继续增长但资产扩张更快，那么从盈利能力来说，企业首先面临的局面就是资产周转率的震荡或下滑。比如智能手机在2009～2011年处于产能扩张周期，后续遭遇2010～2012年的需求回落，阶段性冲击周转率。③利润率：高速渗透期间市场扩容速度放缓，而供给开始投放，竞争加剧先冲击"资产周转率"，随后冲击"销售利润率"。"价格战""降本增效"成为该阶段的重要特征，对应着新兴产业高利润率的空间受到挤压。

所以综合这三个因子来看，迈入高速渗透期后，多数公司在持续扩产后将逐步见到产业周期内的ROE高点，后续ROE中枢开始下移。比如智能手机中的欧菲光、莱宝高科、长信科技、德赛电池等，在触控屏等产业竞争格局恶化时，利润率及 ROE 进入下滑通道。股价表现基本上会对周转率或利润率的恶化做出反馈，最典型的如智能手机，在 2009～2012 年的扩产周期内，2011 年第 1 季度消费电子周转率恶化拖累 ROE 明显下行，股价也同步见到高点，震荡下行调整至 2012 年 1 月。其余如 PERC 电池、SUV 部分公司也呈现出类似特征。

历史经典新兴赛道扩产后盈利能力及股价、估值演绎如表 4-6 所示：

对于已经进入高速渗透期的行业，我们应该如何把握其中的细分领域投资机会？如上所述，高速渗透期间持续扩产可能带来 ROE 的趋势下行并对股价与估值形成压制，但这并不意味着这些行业完全不具备投资价值。历史上典型行业的股价和估值调整充分后，如果投资者可以看到"新的需求逻辑"或"新的供给逻辑"，从而对于行业扩产后的"供需均衡"的新常态重拾信心，依然可以把握结构性的行情。

1. 新的需求维度：To-G，或平台化转型，或打开海外市场

最典型的案例是安防产业链，我们概括为其 To-G 属性。2011 年"平安城市"等政策不断推出，政府采购需求稳定，使得龙头公司周转率、股价均持续抬升。政府采购支撑安防需求高增，地方政府订单不断。例如 2011 年重庆市政府与海康威视签署了共计 77 亿元的 42 个建设合同，2013 年广东省启动"慧眼工程"，围绕

表 4-6 历史经典新兴赛道扩产后盈利能力及股价、估值演绎

行业或公司		扩产周期	营收增速	周转率	净利率	ROE	股价	估值
安防高清摄像头	安防设备	11Q4-13Q2	高位增长至2010年第4季度，此后下滑但维持在40%左右中枢	持续抬升	2011年第4季度见顶并持平至2014年第1季度	持续抬升	持续抬升	持续抬升
智能手机	消费电子	09Q4-12Q1	上行至2010年第1季度见顶，之后下滑至2011~2012年7%左右中枢	2010年第4季度见顶，此后持续下滑	2012年第1季度见顶，下滑至2013年第1季度	2011年第4季度见顶，下滑至2013年第1季度	2010年12月股价见顶，震荡下跌至2012年1月	2010年3月估值见顶，此后下挫至2012年1月
隆基绿能		15Q4-17Q4	上行至2016年第2季度，之后下滑至2017年第2季度低点−2.3%	2016年第2季度见顶并下滑至2017年第2季度	持续抬升	持续抬升	2017年11月起下跌至2018年10月	2017年10月起下挫至2018年10月
通威股份		17Q4-18Q4	2017年第4季度开始下滑，2018年第4季度低位5.5%	2017年第4季度开始长期持续下滑	2017年第4季度至2019年第2季度由前期上行转为横盘	2018年第2季度至2019年第1季度下滑	2017年11月起下跌至2018年10月	2017年11月起下挫至2018年10月
PERC	东方日升	16Q4-18Q2	2017年下滑，至2018年第4季度低位−18.4%	2017年至2019年第2季度回落	2016年第1季度至2018年第4季度回落	2018年第1季度至第4季度下滑	2016年7月起下跌至2018年10月	2017年7月起下挫至2018年10月

SUV	长城汽车	14Q2-15Q4	上行至2015年第1季度后下滑,至2016年第1季度低位7.9%	持续平稳至2017年第2季度	2013年第3季度见顶并持续下滑	2013年第3季度见顶并持续下滑	2015年2月见顶并跑输大盘到2016年5月	2015年4月见顶并下挫至2016年1月
	长安汽车	14Q2-16Q1	上行至2015年第1季度后下滑,至2016年第1季度低位6.3%	震荡抬升至2015年第2季度后下滑	抬升至2015年第2季度后下滑	2015年2月见顶并跑输大盘到2015年11月	2015年4月见顶并持续下挫至2018年8月
	上汽集团	14Q4-16Q2	2013年第3季度见底,下滑至2015年第3季度低位0.3%	2014年第2季度后开始持续下滑周期	平稳至2015年第3季度后缓慢下滑	2014年第2季度后开始持续下滑	2015年1月见顶并跑输大盘到2015年11月	2015年4月见顶并下挫至8月
	江淮汽车	14Q3-15Q2	持续上行至2016年第1季度,增速下滑至22.8%,但资产增速更高	2010年就开始持续长周期下滑	2014年第1季度见顶并下滑至2015年第1季度	2014年第1季度见顶并下滑至2015年第1季度	2014年7月见顶并跑输大盘到2016年1月	2015年6月见顶并下挫至2016年5月

资料来源:Wind,广发证券策略团队。

平安城市建设在全省新增96万个视频监控点。再如立讯精密、歌尔股份、海康威视等公司，主要通过横向、纵向一体化整合，打造平台型公司，使得上下游的需求多元化，公司成本控制力增强，经营稳定性抬升。

2. 新的供给形态：由量到质，技术突围打造产品力

供给层面的变化不是在"量"上，而是在"质"上。比如通过技术进步、降本增效等方式实现规模效应，或者通过创新升级实现"产品力"，这种情形下的扩产与供给能够形成较为良性的互动并带来份额扩张。例如PERC电池龙头通威股份是"降本增效"的典型代表，通过产能扩张获取规模经济下的成本优势，通过研发使得转换效率不断提升，由此实现了份额的扩张。通威股份在2017～2018年通过爆发式的产能扩张，抢占市场份额，获取了规模经济下的成本优势，2018年通威PERC产量市占率已跃居全国第三。再如SUV领域，借助明星车型打造新的"产品力"，通过降价及不断推出明星车型引爆销量，驱动周转率创新高。例如，2015年广汽集团推出自主SUV传祺GS4成为爆款，次年销量即逾33万辆，后续保持热销，成为公司新的增长引擎。同时，2014～2016年广汽传祺GS4、传祺GS5于多地降价促销，驱动需求抬升。广汽集团的周转率于2015年后持续抬升，并驱动ROE及股价高涨。

小结

我们在本章中向读者完整地介绍了行业比较框架,其中,第 1 节的"景气度预期"框架和第 2 节的产能周期框架是针对全行业比较的两个框架,第 3 节为新兴产业单独做了行业比较框架(包含产业驱动力与估值、景气度与渗透率和资金配置三大维度)。在此基础上,我们从第 4 节对新兴产业比较框架中的渗透率视角做详细展开,重点回答了"如何寻找处于破壁渗透期的产业?"和"如果一个行业当下已经处于高速渗透期乃至饱和渗透期,我们应该如何寻找其中细分领域的投资机会?"这两个问题。

| 第 5 章 |

主题投资：行业遴选的提词器

本章我们讨论近年来策略研究的一个热门概念——主题投资，我们将其形容为"行业遴选的提词器"，分为自主可控安全主题和"碳中和"主题。第 1 节聚焦自主可控安全主题，重点关注信创产业链和资源保供两条主线。第 2 节讨论"碳中和"主题投资，从清洁能源的生产、输送与应用三个角度挖掘投资热点。

5.1 自主可控安全主题

什么是自主可控？中国工程院院士倪光南对这一概念的诠释受到了广泛认可。①一种"自主可控"的技术意味着一国完全拥有这项技术对应的知识产权，收购来的技术和自己研发的技术都算是完全拥有知识产权。②本国的研发团队要有研发、生产和应用技术的能力。这里说的应用不是停留在理论或者样机阶段，而是需要有规模化的应用，在特定行业具备一定市场的竞争力。③"自主可控"还要求一国具有自主发展该项技术的能力，能够将知识产权和技术进行升级迭代，建立长期的技术优势。④对于一个国家而言，一项真正"可控"的技术还要求相关的厂家和产业链全部是国产背景，在各个环节都不受制于他国。

在很长一段时间内，半导体、计算机等领域的先进技术主要由西方发达国家掌握，这些国家的厂商通过技术授权、海外投资建厂等方式，让中国等发展中国家获得了技术或产品的使用权。但对于进口国而言，这项技术并不是自主可控的，如果出口国受到突发状况（比如新冠疫情导致的供应链中断）或是国际关系（比如中美贸易摩擦）等因素影响，对其他国家实施断供，进口国便不再有能力生产相关产品。随着信息技术的发展，计算机软硬件的应用已经进入国民生产生活的方方面面，如果核心技术遭到断供，对社会经济的冲击将是巨大的。因此，对于我国这样的大国，核心技术自主可控是高新技术产业发展的重要目标。此外，在新能源、新材料、航空航天领域，我国不仅在核心技术上有所欠缺，还在一些关键的矿产资源上高度依赖进口，资源的自主可控同样值得关注。

读者可能会问，与发达国家相比，中国在高新技术产业领域长期处于追赶者的位置，为什么近几年来"自主可控"的关注度迅速上升呢？从国际的角度看，全球化进程的推进，使得发达国家将制造业转移至劳动力成本更低的发展中国家，客观上造成发达国家自身就业岗位的减少，导致发达国家社会内部矛盾加剧，助推了贸易保护主义与"逆全球化"的趋势。而2020年在全球蔓延的新冠疫情、2022年爆发的俄乌冲突为全球产业链带来了更大的挑战，各国经济运行和政策环境面临诸多不确定性。为抵御国际分工带来的风险，发达国家的制造业呈现本土化的趋势，即将原本布局在海外的工厂转移回国内。从国内的角度看，实现核心技术和资源的自主可控是践行总体国家安全观的要求，也是我国在新时代提升综合国力的必由之路。

在自主可控安全领域主题投资的方向选择上，结合近年来的国际关系和产业发展阶段，可关注信创产业链和资源保供两条主线。

5.1.1 信创产业链

在逆全球化和中美科技"脱钩"的背景下，美国把维护自身的全球科技领导地位作为国家竞争的关键，2018年起对中国实行科技"脱钩"，实施出口管制、投资限制、电信许可证和设备授权等压制性政策，同时加强美国科技发展的自强性措施。目前我国有数十项技术受制于其他国家，涉及半导体、高端制造、5G等行业，如半导体中的芯片、光刻机，高端制造中的机床零部件，5G中的手机射频器件。

近年来，美国对中国科技领域实施压制性政策。2018年4月，美国政府指控中兴通讯曾向伊朗、朝鲜出售电子产品，禁止中兴通讯在未来7年向美国企业购买"敏感产品"。虽然中兴通讯通过缴纳罚款的方式解除了禁售令，但这只是美国对中国半导体行业施加压力的开端。随后，美国商务部针对部分关键技术实施了进一步的出口管制。2018年11月，美国商务部提出针对关键新兴技术和相关产品的出口管制框架，旨在保证美国在科技、工程和制造领域的领导地位不受影响，涉及AI、微处理器、量子技术等14个领域。

除了处罚中国科技公司，限制对中国出口关键技术，美国还通过补贴本国芯片产业，试图吸引美国芯片厂商回到本土投资建厂。由于在美国建设芯片代工厂所需的电力、水源、基建、人力等成本均较高，20世纪90年代以来，全球芯片产能向亚洲集中，美国本土的半导体制造量在全球的占比出现了大幅下降。2022年8月，美国总统拜登签署《芯片和科学法案》，计划为美国半导体产业提供527亿美元的政府补贴，同时实施税收抵免等一系列举措，以鼓励企业在美国建厂。该法案同时规定，获得美国国家补贴的芯片企业不能在中国投资先进制程的生产线，限期10年。这意味着美国通过立法的方式，迫使国际芯片商在中美之间选边站队，为全球芯片产业带来挑战。

在上述背景下，科技安全与信息安全是我国亟须提升的领域，相关领域共同构成的"信创产业链"成为近年来重要的投资主题。

"信创"的全称是"信息技术应用创新产业",它是科技安全和信息安全的基础,也是新基建的重要组成部分,旨在实现信息技术领域的自主可控,保障国家信息安全。其核心在于通过行业应用,推动构建国产化信息技术软硬件体系,实现核心技术自主可控。

1. 科技安全：基础硬件

基础硬件是科技安全领域主题投资的重点方向,包括 CPU 芯片、服务器等细分领域。

（1）CPU 芯片国产替代迫切性高,部分国内厂商已具备替代进口产品的能力,我们从四个角度来看芯片行业的成长机遇。一是市场供给,我国芯片对外依存度较高,在新发展格局下属于"补短板"的关键领域。2021 年,我国的集成电路进口额继续保持大幅增长的趋势,仍然是进口的"最大单一类商品"。然而近年来我国半导体产业的国产化程度已实现一定的突破,未来有较大的增长潜力。二是竞争格局,当前商用 CPU 市场主要由英特尔和 AMD 两家公司垄断,近年来鲲鹏、飞腾、龙芯等国产 CPU 芯片厂商成长迅速。三是产业政策,随着美国对华为实施芯片供应限制,政府推动国产硬件的采购,并对符合条件的厂商实行优惠政策,进一步助力 CPU 芯片国产化。四是国产软硬件应用生态,目前国内的龙头厂商已基本实现自主可控,产品在超级计算机、导航卫星等领域已实现一定范围的应用,商业化、规模化运用前景有待继续探索。

（2）服务器方面，国产服务器招标的确定性高，预计 2021～2025 年国产服务器出货量平稳提升，订单增长有望推动龙头公司业绩改善。竞争格局上，2021 年浪潮、华为、新华三占据服务器市场超过一半的份额，龙头公司竞争力逐步增强。市场需求上，金融、电信领域逐步开始服务器国产替代。随着下游 5G、IDC、云计算大规模落地，国产服务器市场有望迎来进一步提升。

2. 信息安全：基础软件、应用软件与网络安全

信息安全领域的主题投资，可以从基础软件、应用软件与网络安全三个方向进行挖掘。

（1）基础软件包括操作系统和数据库。当前的操作系统市场主要由微软、苹果等海外巨头垄断。国内的统信和麒麟具备相对完善的生态圈，已研发出多款操作系统，国产操作系统替代进口操作系统的趋势开始显现。数据库领域，新兴基础设施建设的推进将带来数据量的井喷，数据库作为数据的载体，受益确定性高，国产数据库的市场规模在未来五年有望迎来高速增长。

（2）应用软件与行业数据结合紧密，国产软件的使用是数据安全的必经之路。从下游客户的角度看，我国办公软件主要客户为企业、政府及公共事业用户，客户支付能力较强，有望推动国产办公软件市场规模稳步扩张，增长潜力远高于全球平均水平。从国产软件生态来看，以 WPS 为代表的办公软件技术较为成熟，且在文档设计、多设备同步等功能上形成了独特的优势。

（3）国产终端安全软件不断发展，5G等新技术带来网络安全新挑战。近年来，关键信息基础设施等重要单位防护能力已显著增强，重大安全漏洞应对能力不断强化。但随着5G等新技术、新应用的大量涌现，网络安全的新挑战不容忽视，需求的紧迫性推动国内网络信息安全市场规模迅速扩张。竞争格局上，外资厂商逐渐退出中国本土市场，2021年终端安全市场以国产品牌为主，本土龙头公司技术竞争力逐步显现。

5.1.2 资源保供

自主可控的要求不仅针对高新技术领域，还体现在资源保供方面，即我们常说的能源安全问题。在能源安全方面，当前的主题投资基于两大逻辑：①在"碳达峰碳中和"的目标下，传统能源的先进产能加速释放。所谓先进产能，是指经营效益较好、能耗较低的生产商，相比于粗放式发展模式生产商，其可持续发展的能力更强。②在新能源替代传统能源的过渡期，我国面临能源保供与能源转型的双重目标。新能源替代传统能源的前提是保障能源供应，传统能源仍将在较长的时期里发挥重要的作用。总体来看，矿产和能源资源是整个国家经济建设的上游原材料，保障资源供应即是保障了国家发展的命脉。

我国能源资源"以煤为主""贫油少气"特征明显，以煤为主的能源结构在短期内不会发生根本改变，煤炭在能源安全中将继续发挥保障作用。近年来，我国煤炭资源时常出现短缺，煤炭进口量出现了较大幅度的增长。为缓解能源紧张，我国加强了煤炭增产保供的力度，产量增速呈现加快的趋势。与此同时，国内能源消费结构正逐步向清洁能源倾斜，水电、核电和风电占能源消费总额的比重稳步提升，如图 5-1 所示。Wind 数据显示，2021年我国水电、核电和风电占能源消费总额的比重达到 16.6%，较 2015 年提升 4.6 个百分点。国家能源局提出，确保到 2025 年非化石能源消费比重达到 20% 左右，2030 年达到 25% 左右。能源消费结构转型将持续带动清洁能源市场稳步扩大。

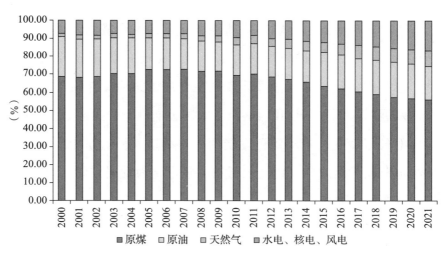

图 5-1　中国能源消费比重

资料来源：Wind，广发证券策略团队。

我们从能源和矿产两个方面来分析当前资源保供面临的挑战。①从能源对外依存率看，我国能源消费中占比第二的原油，对外依存率相对较高。这里的能源对外依存率是指一种能源在一年内的进口量占消费量的比重。②从金属矿产储量看，钴、锂、镍、铜、铝等新能源所需矿产储量在全球明显处于劣势地位，并且主要依靠从澳大利亚或者是刚果（金）等生产环境不稳定的国家进口，供应链极易因生产国贸易限制、地缘政治等因素干扰而断裂。

关于我国资源保供面临的挑战，还应结合重点的下游产业进行分析。新能源汽车、新能源、新材料、航空航天、钢铁、光纤都是关键资源的重要下游环节。

1. 新能源汽车

锂矿等资源约束可能影响新能源汽车的生产能力，进而影响新能源汽车的普及进程。动力电池是产业链中游最重要的零部件，也是锂、钴、镍、锰等元素最主要的下游应用。从战略意义看，发展新能源汽车是我国从汽车大国迈向汽车强国的必由之路，是应对气候变化、推动绿色发展的战略举措。目前新能源汽车坚持纯电驱动战略取向，以高镍低钴、轻量化为发展方向，铜、镍、铝等资源的重要性凸显。

2. 新能源

铜、铝、铀资源的稀缺，对光伏、特高压、核电行业造成影响。从用铜需求看，太阳能、风能、水电等均依赖铜传输，全球可再生能源的开发利用将导致铜需求出现井喷。从用铝需求看，凭借良好耐腐蚀性和零部件可回收利用的性质，铝材是建造光伏、风电等可再生能源产业装备设施所需材料的上乘选择。由于铝的密度较钢、铜都小，重量轻，性价比更高，钢芯铝绞线是特高压电力传输的首选材料。从用铀需求看，铀资源在国防安全、能源供应方面均具有重要战略意义，主要应用于核电工业。从战略意义看，一次能源的多元化，是国家能源安全战略的重要保证。由于我国铜、铀对外依存度高，而电解铝作为高耗能产业，产能扩张受限，能源产业的资源保供仍将面临一定的压力。

3. 新材料

永磁材料、液晶抛光和催化材料对稀土资源需求高。对于永磁材料需求，稀土钕铁硼永磁材料被称为跨界于材料和能源领域的"永磁之王"，是我国具备全球竞争力的产业。对于液晶抛光材料，我国明确指出要开发高性能稀土抛光粉和稀土抛光液，产品达到或接近国际先进水平。作为催化材料的一部分，稀土可用于石油化工、汽车尾气净化、燃料电池等领域。目前，国家对稀土资源的保护力度较大，稀土资源供给存在限制。

4. 航空航天

钛合金和硬质合金对钛、钨、铌等稀缺资源需求较大。从需求端看，钛合金和硬质合金在航空工业的应用分别为飞机结构和发动机结构、零部件制造。钛合金的用量常被当作衡量飞机选材先进程度和航空工业发展水平的指标。从供给端看，航空工业钛材用量占世界钛材市场总量的一半以上。从竞争格局看，民用航空领域仍被美欧垄断。2022年，国产C919大型客机取得型号合格证，标志着中国企业向打破波音和空客的两强垄断地位迈出了一步。当前，我国钛精矿、钨、铌存在较高的进口依赖，航空航天领域的资源保供需求日益增加。

5. 钢铁

钢铁行业的主要产品是工程合金钢和不锈钢，上游原材料包括铁矿石、钼、钨铁、锰。从需求端看，钨铁是生产特殊钢最重要的合金之一，锰对炼铁有改善冶炼加工和生铁性能的作用。从战略意义看，钢铁工业是国民经济的重要基础产业，是建设现代化强国的重要支撑，也是实现绿色低碳发展的重要领域。我国钼因主要项目停工导致产能不确定性提升，铁、钨铁、锰依赖进口，钢铁环节的资源保供同样值得关注。

6. 光纤

光纤通信工程化应用依赖锗。从需求端看，掺锗光纤是目前唯一可以工程化应用的光纤，是光通信网络的主体。国家网络建设和数字经济的发展将带动光纤光缆的市场需求。从战略意义看，光纤通信对实现我国"十四五"数字经济发展规划至关重要，对于信息网络基础设施优化，规划指出要推进光纤网络扩容提速，实现城市地区和重点乡镇千兆光纤网络全面覆盖。我国的锗因储量控制，产能不确定性提升，是通信环节资源保供的主要关注点。

5.2 绿色主题:"碳中和"主题投资愿景

2020 年 9 月,习近平主席在第七十五届联合国大会一般性辩论上正式宣布"中国将提高国家自主贡献力度,采取更加有力的政策和措施,二氧化碳排放力争于 2030 年前达到峰值,努力争取 2060 年前实现碳中和"。什么是碳达峰碳中和?碳达峰代表年度二氧化碳排放量达到历史最高值,随后经历平台期进入持续下降的过程,是二氧化碳排放量由增转降的拐点。碳达峰并非攀高峰,而是在拉低峰位的基础上达到合理排放峰值。"碳中和"强调碳排放与碳去除实现平衡,即在一定时间内通过节能减排、植树造林等途径,抵消所产生的二氧化碳排放量,实现二氧化碳"零排放"。

"碳中和"目标的最直接来源是全球气候远期目标,即 21 世纪末全球升温不超过 1.5℃。全球气候变暖带来冰层融化、海平面上升、海洋过热和更频繁极端天气等气候风险。据《2020 年全球风险报告》,气候问题应对失败位居影响深远的全球风险首位。

"碳达峰"和"碳中和"合称"双碳"目标,是近两年来最重要的投资主题之一。当前我国能源结构仍以化石能源为主,是全球最大的碳排放和能源消费主体。而全球"碳中和"远景目标开启的第三次能源革命,是第四次工业革命的重要支撑,标志着绿色相关产业周期拐点出现,在中长期内蕴藏极大的相关主题投资机会。本节首先介绍"碳中和"的内在驱动力,提出主题投资的三要素逻辑,以及产业受益链条。我们认为,"碳中和"将是

"十四五"期间乃至更长时间维度内的大级别确定性主题,并且将对新能源、化工、建筑、环保等产业产生革命性的深远影响。

5.2.1 "碳中和"的内在驱动力

"碳中和"是全球级别的全新目标,三大内在驱动力包括能源革命、能源安全和能源责任。

(1)"碳中和"内在驱动力之一:以能源革命带动经济转型。新一轮能源革命蓬勃兴起,能源生产和消费继续向低碳化、电气化、高效化和智能化的方向发展。在全球能源革命的深刻影响下,我国在能源生产环节将逐步用清洁能源替代化石能源,在能源消费环节将不断扩大电气化应用,推动能源转型。我国正处于经济由高速增长转向高质量发展的阶段,"碳中和"目标的提出有利于产业结构的不断调整优化,推动经济发展绿色转型,同时将创造大量就业机会。不仅是我国,世界各国也纷纷将清洁能源作为经济重启的重要推动力,实现经济绿色复苏成为国际社会的共识。

(2)"碳中和"内在驱动力之二:可再生能源成为保障能源安全的重要力量。我国大力发展可再生能源的原因有以下三点:①石油出口国政治局势动荡,我国过度依靠油气资源进口的能源安全不可持续的矛盾更加突出;②我国水电、风电、光伏发电装机容量均位居世界首位,新能源产业链领跑全球,"中国优势"明显;③能源科技革命是抢占科技发展制高点、掌握能源安全主动权、确保我国能源长久安全的战略保障。

（3）"碳中和"内在驱动力之三：优化能源结构，履行能源责任。我国能源结构以化石能源为主，清洁能源占比低，我国是全球最大的碳排放和能源消费主体。优化能源结构，降低碳排放，努力实现碳中和意义深远。

5.2.2 "碳中和"主题三要素拆解

主题策略层面，"碳中和"具有自上而下政策推动明确、产业想象空间广阔、政策催化剂密集三大要素。在"十四五"期间，我国绿色产业将迎来历史级别的政策支持，以及技术升级周期拐点。

1. 自上而下政策推动明确

"碳中和大行动"在全球范围内已经开启，各国均推出了新的长期目标。2015 年的《巴黎协定》计划在 2050 ～ 2100 年实现全球"碳中和"目标，强调各国需制定相应的减碳政策。目前，已有多个国家和地区公布了"碳中和"的目标时间，提出"无碳未来"的愿景。

在中国，综合考虑各类减排措施的成本效益与实施难易度，可将"碳中和"实现路径主要分为三个阶段：第一个阶段是 2020 ～ 2030 年，将实现碳排放达峰（即 2030 年以后碳排放量不再增加），重点在控制煤炭消费，发展清洁能源，引导低碳转型，大力推进新能源汽车替代传统燃油汽车。第二阶段是 2030 ～ 2045 年，这期间将快速降低碳排放量，大规模利用可再生能源，实现交通部门全面电力化，发展负碳技术。负碳技术是指捕集、贮存和利用二氧化碳的技术。实现"碳中和"目标，需要应用负排放技术从大气中移除二氧化碳并将其储存起来，以抵消那些难以减少的碳排放。第三阶段是2045～2060年，工业、发电端、居民侧等全面完成低碳改造，负碳技术大规模推广，以实现深度脱碳和"碳中和"。

从中央到地方，"双碳"目标相关的政策逐步出台。根据"十四五"规划和2035年远景目标纲要，我国将在2035年广泛形成绿色生产生活方式，碳排放达峰后稳中有降，生态环境根本好转，美丽中国建设目标基本实现。中央定调后，地方与部委积极响应。2020年12月，央行表示将加大对新能源产业、能源高效利用产业的资金支持。2021年1月，国家生态环境部公布《碳排放权交易管理办法（试行）》。上海、江苏、广东等多省市出台"碳达峰"有关规划，其中上海表示力争比全国时间表提前五年实现"碳达峰"。中央和地方积极出台"双碳"相关政策，体现了我国实现"碳中和"目标的决心。

2. 产业想象空间广阔

清华大学气候变化与可持续发展研究院指出，中国到2060年实现"碳中和"，实际上就是要努力实现以"1.5℃目标"为导向的长期深度脱碳转型路径，即21世纪末全球平均气温与工业化前的水平相比，升高的幅度控制在1.5℃之内。这意味着，2050年非化石能源占一次能源消费比重应该达到80%，基本形成以新能源为主体的"近零碳排放能源体系"。

2020年以来，新能源技术突破推动成本下降，新能源平价时代来临。受益于关键设备价格下降及技术逐渐成熟，我国光伏发电成本持续下行，2020年光伏项目的电价较2011年的降幅接近70%。与此同时，锂电池延续降价趋势，2010～2020年，全球锂离子电池组平均价格下降幅度高达89%。电池占新能源整车成本的比重较高，降低锂离子动力电池的价格，是新能源汽车降低成本的关键所在。中国的锂电池价格在2019年已成为全球市场最低水平，且成本仍有较大的下降空间。由此可见，光伏平价利于工业用电清洁脱碳，电池成本降低利于电动车大规模普及，推动交通用电增长零碳化进程，"近零碳排放能源体系"具有非常广阔的产业想象空间。

3. 政策催化剂密集

"碳达峰、碳中和"目标提出以来，2020年、2021年中央经济工作会议连续提到"双碳"目标。2022年，国家在推进"双碳"相关政策时更加强调积极稳妥、分步骤实施，确保社会经济恢复常态过程中的能源安全，提升减碳目标实施的平稳性与可持续性。党的二十大报告提出：积极稳妥推进碳达峰碳中和……立足我国能源资源禀赋，坚持先立后破，有计划分步骤实施碳达峰行动。2022年11月，国家能源局发文推动新能源发电项目应并尽并，允许分批并网，将加快新能源项目并入电网的进程。

5.2.3 "碳中和"主题投资的三条主线

从低碳转型看"碳中和"主题投资线索，电力供给体系将向"可再生能源＋储能"的结构发展，光伏、风电、储能等领域有望受益。同时，工业与建筑业节能减排稳步推进，生物降解塑料、装配式建筑技术逐步成熟，电动车有效替代传统燃油汽车，新能源汽车产业链的发展有望推动路面交通电气化。

基于上述背景，"碳中和"主题投资可以归纳出三条主线，分别来自供给侧、输配侧和需求侧。其中，"供给侧"是指电力的产生途径，"输配侧"是指电力从电厂到用户的输送方式，"需求侧"则是指电能的具体应用领域。下面将对三条主线进行逐一介绍。

1. "碳中和"投资主线之一：供给侧

在"碳中和"产业链的供给侧，较为景气的赛道包括光伏、风电与特高压输电。

（1）光伏行业平价时代的到来，以及中国在光伏产业取得的优势地位，有望推动产业周期拐点出现。价格方面，光伏发电成本在过去十年的降幅超过90%，经济性凸显，行业的规模有望继续扩张。渗透率方面，国家发展和改革委员会与相关企业机构在《中国2050年光伏发展展望》提出，2050年光伏将成为中国第一大电源，发电量占全国用电量的比重达到40%左右，上升空间非常广阔。此外，凭借技术与成本优势，我国光伏企业在全球光伏产业链各环节的产能占比均处于高位，光伏产业链的全球龙头地位稳固。

（2）与光伏行业类似，陆上风电的平价趋势将推动风电规模化发展。海上风电方面，由于海上风电具有风能资源丰富、利用小时高和开发空间广阔等优势，有望成为未来重点发展方向。与光伏具备全球竞争力，在整个产业链处龙头地位显著不同，我国的风电产业在全球市场份额及核心技术方面相对逊色。且与光伏相比，风电终端的应用场景相对单一，主要是为企业供电，而光伏的应用可以深入到千家万户。

（3）特高压是电力运输的"高速公路"。我国能源资源与负荷中心在地理位置上很不匹配，电力供需端距离远。与传统高压输电相比，特高压容量大、效率高，能显著提高电网输送能力，在远距离传输时损耗较小，为"西电东送"提供保障，有效化解资源与负荷区域错位问题，性能优势明显。特高压输电还是我国"新基建"的主力。特高压路线投资力度大，能有力拉动新型基础设施建设，中长期经济效益显著。

2."碳中和"投资主线之二：输配侧

随着新能源在能源消费中的占比不断提升，新能源的输配为储能行业和能源互联网行业的发展带来契机。

（1）在储能领域，在国内光伏发电、风力发电实现平价的背景下，新能源和电网的服务需求增加，电网消纳能力可能成为新能源装机增长瓶颈，储能市场亟待发展。在规模扩大的同时，技术进步和电池产业降本增效，有望降低储能成本。过去10年间，储能成本呈现逐年下降的趋势。政策方面，中央到地方多次发文支持储能，如多个地方政府和电网部门于2020年相继提出，新增的新能源项目需配置相应的储能系统，储能行业有望迎来发展的良机。

（2）能源互联网是互联网技术、可再生能源技术与现代电力系统的结合，是能源产业发展的新形态，是信息技术与能源电力技术融合发展的必然趋势，已步入加速推广期。"碳中和"愿景将长期推动电网智能化和信息化，相关赛道有望长期保持景气。

3."碳中和"投资主线之三：需求侧

最后来到需求侧，新能源的发展将利好新能源汽车、装配式建筑、生物降解塑料等下游应用。

（1）碳中和"第一个10年"的目标驱动电动化再加速，利好新能源汽车行业。近年来，全球新能源汽车行业持续景气。欧洲碳排放政策频繁出台，新能源汽车渗透率稳步提升。拜登上台大力支持新能源汽车产业，海外的新增产能有望带来市场增量。国内政策方面，新能源汽车免征车辆购置税的政策将持续至2023年底，继续引导新能源汽车的发展。市场方面，各车企的车型布局逐渐完善，同时新能源汽车平价化的趋势日益明显。各车企加速打造新车型爆款创新产品，消费者对新能源汽车接受度提升，新能源汽车需求有望进一步释放。

（2）在装配式建筑领域，建筑碳减排目标下，产业渗透率加速提升。装配式建筑可实现全生命周期碳减排，包括材料、工法、装修、使用等多个环节，预计将成为建筑碳减排的重要推进方向。近年来我国可装配建筑面积高速增长，但装配式建筑占新建建筑面积的比例与各省的目标均值差距较大，还有广阔的提升空间。政策方面，"十四五"规划和2023年远景目标纲要强调发展绿色建筑，住房和城乡建设部也出台意见推动新型建筑工业化发展。

（3）在生物降解塑料领域，"限塑令"有望提升产业需求。我国生物降解塑料行业发展尚处初期，成长空间大。2021年，全国重点城市限塑令正式落地，且预计未来几年禁塑政策将在全国大范围铺开，催生对可降解塑料的需求。

小结

本章我们主要分析了策略研究中的又一重要领域——主题投资，也是行业比较中的重要组成部分，我们称之为行业遴选的提词器。在本章的两节中我们分别以两个典型的大级别主题为案例：①自主可控安全主题：聚焦信息技术产业和资源保供两条主线下的行业梳理；②"碳中和"主题：从清洁能源的生产、输送与应用三个角度挖掘投资热点。下一章我们准备将视角进一步下沉，即讲述如何从策略视角精选具备投资价值的个股。

| 第 6 章 |

选股策略：选择背后的定音锤

在前面 5 章中，我们自上而下地逐步下沉，依次介绍了市场大势研判方法、风格切换脉络、行业比较框架。对于直接参与股市的投资者来说，在具体的投资决策过程当中还需要进一步下沉到个股的决策层面，即精选有投资价值的个股。但是我们想要提示投资者的是，没有永远有效的选股方法，随着市场自身以及市场参与者的进化，选股方法也将不停地演化，投资者需要不停地学习和适应市场，持续地调整、优化和完善选股的逻辑和方法。本章我们将聚焦于个股选择逻辑，介绍四个不同方面的建立股票投资组合策略的基本思路，以期为投资者带来启发。

6.1　AH 股折溢价：跨市场对资产价格的指引

根据传统估值框架下的股利贴现模型（DDM），股价主要取决于分子和分母端的三要素。A 股和 H 股共享相同的分子端，而主要的不同则集中于分母端的两大要素——无风险利率（流动性）和风险偏好，这造成了 A 股和 H 股在估值上存在差异。在本节中，我们从 AH 股折溢价视角切入，构造 AH 股折溢价策略，帮助投资者挖掘价值被低估的 A 股。

6.1.1　"AH 股折溢价"的两个阶段

中国部分公司选择在 A 股市场和 H 股市场分别上市，我们将此类股票在 A 股市场和 H 股市场的价差称为"AH 股折溢价"，并由此构建 AH 股折溢价策略。如图 6-1 所示，2010 年以来，AH 股折溢价经历过两个显著不同的阶段。以 2014 年 11 月为分界点，第一个阶段为 2010 年 1 月至 2014 年 11 月，第二个阶段为 2014 年 12 月至今。第一阶段的主要特征为：① AH 股折溢价的均值中枢在 103 左右；② A 股市场和 H 股市场可以粗略看作两个较为独立的市场——在 2014 年 11 月之前，两地的投资者无法顺畅便捷地相互投资对方的市场，即两地的资金并不直接相通。第二阶段的主要特征为：① AH 股折溢价均值中枢大幅提升至 128 左右；②沪港通的开通使得 H 股和 A 股投资者可以实现顺畅、便捷的相互投资，两个市场之间的资金开始逐步实现相互融通，不再相互独立。

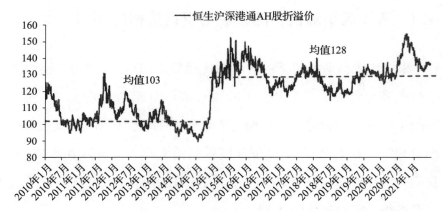

图 6-1 2010 年至 2021 年 6 月的 AH 股折溢价可以显著分为两个阶段
资料来源：Wind，广发证券策略团队。数据截至 2021 年 6 月 29 日收盘。

之所以选择 2014 年 11 月作为分界点，主要有两大原因：① 2014 年 11 月沪港通开通，自此 A 股和 H 股的投资者可以相互融通；② 2014 年 11 月是 2014～2015 年大牛市的起点，A 股市场自 2014 年 11 月快速上涨。伴随着此次上涨，AH 股折溢价中枢也由第一阶段的 103 大幅上升至 128。从此 AH 股折溢价成为常态。

鉴于 2014 年 12 月以来 AH 联动加强，A 股整体相对 H 股整体之间存在持续的溢价，我们便以 AH 股折溢价作为选股基础，构建三个 AH 股折溢价策略："前 3 策略""前 5 策略"和"前 10 策略"（具体构建方法见本节第三部分）。在第二阶段中，AH 股折溢价策略相较于 Wind 全 A 指数能够持续获得十分显著的超额收益。自 2014 年末至 2021 年 6 月，三个 AH 股折溢价策略相对 Wind 全 A 指数均获得超过了 300% 的超额收益，尤其是自 2017

年下半年开始，AH 股折溢价策略相对 Wind 全 A 指数的优势进一步显著拉大，一定程度上证明了 AH 股折溢价选股策略具备优越的选股能力。

6.1.2 "AH 股折溢价"为何具有投资机会

从 DDM 出发，影响股票内在价值的因素主要有三个，分子端是股利，分母端的贴现率由两个因素组成——无风险利率和股权风险溢价。从 DDM 三要素来分析 A 股与 H 股的股价，可以发现，A 股和 H 股共享相同的分子端，主要的不同集中于影响估值的分母端的两大要素——无风险利率和风险偏好。由此可知，AH 股折溢价的根本原因在于估值的不同。那么具体是何种原因导致 A 股对 H 股的相对溢价？为何 AH 股折溢价策略具有投资机会？总的来说，2015 年以来，A 股相对于 H 股持续溢价的主要原因有四个：

（1）在岸市场（A 股）相对离岸市场（H 股）具有一定估值溢价。A 股作为在岸市场，经济、财政政策和货币政策能够较好地互相配合，盈利估值双杀的时候较少；且当货币政策宽松、风险偏好提升时，A 股的分母端驱动力更为直接强劲。H 股作为离岸市场，其盈利端主要取决于内地，而分母端的流动性则受到以美国为主的发达市场的流动性影响，风险偏好则同时受到内地和海外的影响，企业盈利水平、流动性与风险偏好均以离岸（中国香港为在岸）为主。对于像 H 股这样的离岸市场，当地政策对于股市的影响力度微弱，当市场出现盈利估值双杀的情况时无法通过政策手段对金融市场进行逆周期调节，这就导致投资者对于离岸市场的信心相对低于在岸市场，从而使得离岸市场的估值偏低。

（2）流动性的对标物不同。A股流动性主要对标的是国内主要的无风险利率和货币供应量。从无风险利率的角度来看，主要对标的是10年期国债收益率和银行间流动性；从货币供应量的角度来看，A股估值对中国货币供应量十分敏感，即Wind全A指数估值与M1增速呈显著的正向关系。而H股流动性主要对标的是10年期美债实际收益率——2003年以来，恒生指数的估值与美国10年期国债实际收益率基本呈反向变动关系，即H股流动性主要对标的是美国的流动性。

（3）A股成交相对H股更为活跃，因而A股存在流动性溢价，H股则存在流动性折价。一方面，A股散户、游资占比更高，个人投资者羊群效应显著，采用短线交易策略的较多；H股全球性机构投资者占比更高，机构投资者多注重价值投资，持股时间相对较长，换手率相对较低。因此，从整体成交额和换手率来看，A股都高于港股。另一方面，投资者结构和偏好的不同使得A股部分类型股票，尤其是小盘股、题材股的流动性更强，而H股的小盘股流动性更弱，因此H股的估值，尤其是小盘股的估值相对A股往往存在折价。

（4）打新"看涨期权"溢价。"打新"是指购买市场上首次发行的股票。由于公司在首次公开募股时倾向于让出部分利润，以较低的价格发行，因此购买新股通常能获得比较显著且稳定的收益。然而，目前 A 股新股申购需要以二级市场的股票市值来进行配售，即需要投资者在"打新"前已经在二级市场购买了一定量的 A 股，因此该部分二级市场的 A 股可以被视为"打新"的入门券，本身就具备"看涨期权"性质。总而言之，由于 A 股持有者有权利从"打新"中获得额外收益，因此 A 股存在溢价。

基于以上原因，A 股确实相对 H 股具有估值溢价。因此当 A 股的价格与 H 股这个"价值底"的价格愈发接近的时候，即 AH 股折溢价显著低于 AH 股正常溢价时，A 股相对 H 股在一定程度上被低估，此时 A 股股价向上反弹的可能性就会加大，向下的"安全垫"会比较稳固。总而言之，对于基本面良好且 AH 股折溢价偏低的个股而言，除了自身基本面改善能够带来股价增长，还可以额外享受 AH 股折溢价向上回归的力量，这就给 AH 股折溢价选股策略带来了超额收益的机会。

6.1.3　如何基于"AH 股折溢价"构建组合

首先，我们选择 2014 年末作为 AH 股折溢价选股策略开始的时间，该策略在 2014 年 12 月后具有更高的可行性和选股能力。伴随着 2014 年 11 月沪港通开通，A 股和 H 股的资金流开始实现相互融通。同时，第二阶段以来，即 2015 年以来，AH 股折溢价指数均值为 128 左右，比第一阶段，即 2010 年 1 月至 2014 年 11 月的 AH 股折溢价更加明显。进入第二阶段后 A 股对 H 股的普遍溢价开始被市场接受，也为 A 股相对 H 股"折价"的股票提供了更为显著的投资机会。因此我们选择 2014 年末作为 AH 股折溢价选股策略开始的时间。

其次，我们需要对股票池进行初筛。虽然多数情况下，AH 股折溢价能对选股有一定的指引，但是不能排除部分个股 AH 相对折价是因为股票的基本面或资金面发生了恶化，而 A 股的投资者有信息差优势，因此 A 股相较 H 股提前下跌。因此我们需要优先筛选出基本面质地较好、得到投资者认可的股票，剔除基本面不佳的个股。

具体来说，我们的初筛标准从基本面、估值面、资金面三个方向入手。①ROE 分位数：选取标准是处在历史分位数 50% 以上；②估值分位数：选取标准是处在历史 PE（TTM）分位数 40% 以下；③盈利增速：选取标准是最近一期报告归属母公司的盈利同比增速达 50% 以上；④北向资金占流通市值比重：选取标准是 AH 股中，横向比较下北向资金占流通市值比重最大的前 40%。对于满足其中三项及以上的个股，视为通过初筛。经过初筛，我们一般能淘汰约 40%～60% 的个股。以 2021 年 5 月末为例，AH 共同上市个股共有 132 只，其中通过初筛的个股共有 70 只，初筛淘汰率为 47%。

最后，我们对初筛后的个股进行 AH 股折溢价排序，选取 AH 股折溢价最小的个股前 3、前 5、前 10 构建组合。组合中，所入选个股均等权分布，月度调仓。构建各组合净值模型并与 Wind 全

A 指数净值进行对比，如图 6-2 所示。可以发现 2014 年 12 月末至今，三组 AH 股折溢价策略净值明显优于 Wind 全 A 指数净值，同时自 2017 年末开始，三组策略净值与 Wind 全 A 指数净值差距逐渐拉大，优势进一步凸显。从高到低排列，自 2014 年 12 月末至 2021 年 6 月 29 日，前 5 策略组合相对 Wind 全 A 指数获得的超额收益达到 385%，前 3 策略组合的超额收益达到 363%，前 10 策略组合的超额收益达到 323%，三组策略的超额收益均超过了 300%。

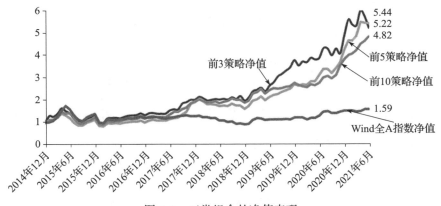

图 6-2　三类组合的净值表现

资料来源：Wind，广发证券策略团队。数据截至 2021 年 6 月 29 日收盘。

进一步地，我们可以从胜率与赔率的角度探究哪个组合更优。

（1）从赔率角度来看，三组策略各有优劣。自 2014 年 12 月末组合建立至 2021 年 6 月 29 日，最新日期净值表现的优劣排序为前 5 策略（净值为 5.44）＞前 3 策略（净值为 5.22）＞前 10 策略（净值为 4.82）>Wind 全 A 指数（净值为 1.59）。但是，从整个时间区间的净值表现来看，前 3 策略在大多数时间内优于前 5 策略和前 10 策略。前 5 策略在 2019 年 12 月前表现弱于前 10 策略，但在进入 2020 年以后表现开始相对前 10 策略占优，持续至 2021 年 6 月。

（2）从胜率角度来看，三组 AH 股折溢价策略均大幅优于 Wind 全 A 指数，其中前 3 策略更佳。从 2014 年 12 月 31 日至 2021 年 6 月 29 日的最大回撤率来看，三组 AH 股折溢价策略均优于 Wind 全 A 指数，其中前 3 策略表现最为突出。具体来看，前 3 策略（期间最大回撤率为 27.03%）< 前 10 策略（期间最大回撤率为 34.19%）< 前 5 策略（期间最大回撤率为 38.93%）<Wind 全 A 指数策略（期间最大回撤率为 39.98%）。从同期间三组策略相对 Wind 全 A 指数的月度胜率来看，三组 AH 股折溢价策略相对 Wind 全 A 指数的胜率均超过了 60%，其中前 3 策略和前 10 策略并列最优，为 62.82%。

因此，综合胜率和赔率来看，前 3 策略最优，前 10 策略次之，前 5 策略相对较弱，但从可操作性上来看，前 10 策略或许是最优解。由于许多机构投资者在具体操作当中会受到较多的限制，难以集中持仓 3 只或者 5 只等极少数的股票，因此在具体操作中，前 10 策略可操作性或将是最大的。而前 10 策略的超额收益、最大回撤表现都十分突出，也不失为一个投资者可以持续跟踪的组合。

6.2 北向资金：聪明钱的指引

北向资金是 2016 年以来 A 股最大且最稳定的增量资金之一，而北向资金的重仓方向往往能够实现较为显著的超额收益，因此也被视为 A 股市场中的"聪明钱"。我们应该如何充分利用北向资金的指引，具体选择何种策略更能发挥"聪明钱"的左侧判断优势？本节我们将从存量和流量的视角，从个股、一级行业、二级行业三个层面构建投资组合，深入探讨究竟应该如何运用"聪明钱"的指引。

6.2.1 北向资金：A 股市场的聪明钱

北向资金是指通过沪港通和深港通进入境内股市的境外资金。自 2016 年以来北向资金持股占 A 股流通市值比稳步上升，是 A 股市场的主要增量资金之一。截至 2022 年 9 月末，北向资金持股占 A 股流通市值比达到了 3.3%，相较 2016 年末提升了 3.0 个百分点。同期公募基金持股占 A 股流通市值比和保险持股占 A 股流通市值比分别提升 1.0 个百分点和下降 0.8 个百分点。与此同时，与公募基金占比有升有降、波动较大相比，北向资金持股占比自 2016 年以来逐年稳步抬升，始终对 A 股保持增持，是 A 股最为稳定的增量资金。另外，北向资金日均交易额占全部 A 股日均交易额比重也逐年增长。2022 年北向资金每日交易量占 A 股全部交易量的占比均值为 5.5% 左右，北向资金对 A 股的影响力已经不可小觑。

北向资金已经取代 QFII 和 RQFII，成为境外资金配置境内股票资产的主要渠道。2016 年 6 月末，境外资金总共持有 A 股 1838 亿元，其中通过北向资金持有 976 亿元，占比 53.1%；通过 QFII 和 RQFII 持有 861 亿元，占比 46.8%。而截至 2022 年 9 月末，北向资金持有 A 股规模达到 2.3 万亿元，占全部境外资金持仓比重达到 91.0%，而通过 QFII 和 RQFII 持股占比下滑至 9.0%，如图 6-3 所示。北向资金取代 QFII 和 RQFII 成为境外资金配置境内股票资产的主要渠道主要源于三大原因：①陆港通不需要资格认定，"一点接通"模式相较 QFII 和 RQFII 的认证模式更为便捷，且节省了渠道成本；②北向资金通过港交所直接买进 A 股的股票，不需要再把外币兑换成人民币，而 QFII 则需要换汇过程，不仅会产生换汇中介成本，还会受到外汇管理部门的监管；③截至 2022

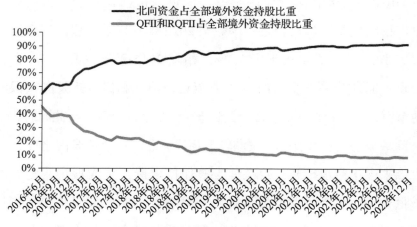

图 6-3 北向资金占全部境外资金的比重持续提升

资料来源：Wind，广发证券策略团队。

年12月31日，陆港通的可投A股标的已经多达2500余只股票，覆盖面已非常广泛，QFII和RQFII在可投标的上全覆盖的优势已经极小。

北向资金可被视为A股市场中的"聪明钱"，尽管北向资金在整个A股市场中的占比不算很高，但它在过去年度中相较整体A股市场取得了显著的超额收益。因此无论是在个股的选择，还是在行业筛选层面上，北向资金的动向都值得投资者关注。

（1）从北向资金持有的个股特征来看，北向资金持仓较为集中，2016年以来前50大重仓股的持仓占比持续在60%以上，大市值、高ROE的个股更受北向资金青睐。但与投资者直觉并不相符的是，北向资金并不明显偏好低估值个股，北向资金持股前50个股的估值相较全部A股并不一定更低，且这一特点自2019年以来更为显著。

（2）从行业配置来看，北向资金总体偏好较为固定，消费板块、中游制造和金融板块常为北向资金配置占比靠前的板块。2017年以来，有且仅有7个一级行业进入过北向资金持股市值前五，其中食品饮料、家用电器、医药生物一直保持在前五，电气设备、银行、非银金融、电子等行业多次进入前五。在二级行业分类下也仅有7个行业进入过北向资金持股市值前五，其中饮料制造、银行Ⅱ、白色家电一直在前五，电源设备、医疗服务Ⅱ、保险Ⅱ、食品加工等行业多次进入前五。

6.2.2 如何充分利用"聪明钱"的指引

北向资金持股规模不断上升，对 A 股的影响力和定价能力与日俱增，同时在过去的年度中北向资金在 A 股市场中获得了显著的超额收益，具备"聪明钱"的特征。我们基于北向资金的指引，以存量和流量两个角度，从个股、一级行业、二级行业三个层面出发，构建投资组合，追踪北向资金投资逻辑。

1. 存量视角

组合构建：以北向资金存量持股规模为标准进行排序，并选取排名靠前的个股或行业构建组合。

（1）个股组合：选取每月末北向资金持股规模的前 10、前 20、前 30、前 40 只个股，分别构建组合。

（2）一级行业配置组合：选取每月末北向资金持股规模的前 5、前 10 的申万一级行业，分别构建组合。

（3）二级行业配置组合：选取每月末北向资金持股规模的前 5、前 10 的申万二级行业，分别构建组合。

（4）调仓周期及权重分布：三类组合均为月度调仓，每月重新调整入选个股，并等权配置入选个股。

2. 流量视角

组合构建：以北向资金期间的增持规模作为排序依据，并选取排名靠前的个股或行业构建组合。

（1）个股组合：选取每月北向资金增持规模的前10、前20、前30、前40只个股，分别构建组合。

（2）一级行业配置组合：选取每月北向资金增持规模的前5、前10的申万一级行业，分别构建组合。

（3）二级行业配置组合：选取每月北向资金增持规模的前5、前10的申万二级行业，分别构建组合。

（4）调仓周期及权重分布：三类组合均为月度调仓，每月重新调整入选个股，并等权配置入选个股。

3. 高赔率高胜率的"优胜组合"

以2017年3月至2021年5月为区间，对上述16个组合进行回测，综合对赔率与胜率两个方面的考量，我们发现无论存量视角下的策略还是流量视角下的策略，前10个股组合、前5一级行业组合和前5二级行业组合均是同类组合中的"优胜组合"，即集中选择北向资金偏好个股或者行业构造的投资组合，优于扩大持股范围下的投资组合。随着持股范围由个股前10组合扩大到个股前40组合（或由行业前5组合扩大至行业前10组合），一方面组合的净值在下降，另一方面组合跑赢Wind全A指数的概率也在下降。

"优胜组合"在回测期间的表现可分为两个方面：①从赔率角度来看，存量"优胜组合"净值表现的分别为：前10个股组合（净值为3.53）、前5一级行业组合（净值为1.75）、前5二级行业组合（净值为2.15）。流量"优胜组合"净值表现的分别为：前10个股组合（净值为2.70）、前5一级行业组合（净值为1.44）、前5二级行业组合（净值为2.15）。相比之下同期Wind全A指数（净值为1.28）表现较差，各"优胜组合"策略均能大幅跑赢Wind全A指数，如图6-4所示。②从胜率角度来看，"优胜组合"在月度区间内跑赢Wind全A指数的概率基本上均在60%～70%。

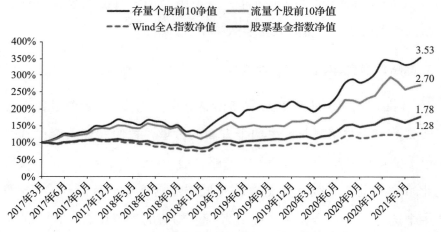

图6-4　个股前10策略较Wind全A指数获得超额收益

资料来源：Wind，广发证券策略团队。数据截至2021年5月31日收盘。

6.2.3　不同调仓频率效果比较

（1）考虑持仓周期长短对投资组合胜率的影响。具体来说，在选定当月组合标的后，保持该组合在未来的第1个月、第2个月、第3个月、第4个月不换仓，即延长持仓周期由1个月至4个月不等，并计算不同持仓周期下各组合相对跑赢Wind全A指数的概率。我们发现：①随着持仓周期的延长，各组合策略相对Wind全A指数的胜率有下降趋势；②各组合策略在第1个月、第2个月和第3个月跑赢Wind全A指数的概率显著大于第4个月，即进入第4个月后组合的胜率开始明显下降。

（2）考虑不同持仓周期下投资组合赔率的差异。对"优胜组合"来说，在不考虑交易费用的条件下，无论采用月度或季度调仓策略，总体上组合净值差异不大。对于存量投资组合，采用月度调仓的组合净值和季度调仓的组合净值并没有显著的差异；而对于流量投资组合，采用季度调仓的策略相较月度调仓的策略往往能够获得更高的净值收益。

（3）调仓频率对存量及流量投资组合交易费用的影响有所不同。对于存量组合，由于北向资金持仓规模排名靠前的行业及个股相对更集中、稳定，前10个股组合、前5一级行业组合、前5二级行业组合的月度排名变化并不显著，意味着在存量视角下的投资组合无论是1个月、3个月还是6个月换仓，带来的换仓交易成本差距不大；对于流量组合，北向资金月度增持靠前的个股、行业变化相对较大。2017年以来，每月北向资金增持排名最高的前10个股、前10一级行业、前10二级行业的投资组合变化较大，组合每期个股较上期的变化个数相较存量视角显著增多。这意味着在流量视角下，我们构建的组合产生的换仓成本会随着换仓频率的提升而显著提升。

整体来看，季度调仓性价比高于月度调仓。对于存量投资组合，考虑到月度调仓和季度调仓下的组合净值并没有显著的差异，且北向资金持仓排名靠前的行业及个股相对稳定，不同持仓周期下的调仓成本差异不大，因此季度换股策略占优。对于流量组合，采用季度调仓能够获得更高的净值收益与更低的交易成本，流量方面同样季度换股策略占优。

6.2.4 流量策略和存量策略的选择

整体来看，无论是个股还是行业层面，北向资金存量策略优于流量策略，但对比历史不同时段，北向资金存量和流量策略互有优劣。影响策略选择的因素主要有三个方面：人民币汇率、存量社融增速、通货膨胀。

（1）在美元兑人民币汇率下行时期，即人民币升值阶段，存量策略相对占优；而美元兑人民币汇率上行时期，即人民币贬值阶段，流量策略占优。

（2）在存量社融增速同比上行、市场信用整体扩张阶段，流量策略占优；反之，存量策略占优。

（3）在通货膨胀（以 CPI 衡量）上行期间，存量策略占优；在 CPI 下行阶段，流量策略相对占优。

6.3 高股息策略：何时该选择高股息策略

传统认知中，高股息策略往往被认为是保守的、"熊市"中才会占优的策略。但是我们发现，高股息策略并非单纯的熊市策略，在特定的宏观背景下，高股息策略会显著占优。本节中，我们重点研究高股息策略的本质及特性，以期能够判断在怎样的背景下我们应该使用高股息策略

6.3.1 高股息策略的本质：股利的再投资收益

高股息策略，顾名思义，是针对发放高股息的公司股票所做的选股策略。具体而言，根据股票投资收益的组成部分，股票投资收益可拆分为资本利得（股价变动）和股息收益（股票红利）两个部分，多数策略主要关注股价变动带来的资本利得，而高股息策略更偏重股息收益，即寻找股价泡沫小（低估值）、波动小、具备长期稳健经营基础的公司，投资于该类标的，获取稳健的股息收益。高股息策略相关的价格指数可以反映股价因素，从股价上看高股息指数的年化收益率、回撤率和夏普比率对比 Wind 全 A 指数并不存在优势，而将股利再投资部分考虑进入后（全收益指数），可以发现高股息策略的投资 – 收益性价比有显著的提升。

高股息策略的特征有：①股息率与估值倍数反向相关。股息率 = 分红率 /PE，一方面，分红率是高股息策略的重要因素；另一方面，股息率是否具有相对吸引力还需关注公司当前估值，股息率与 PE 估值呈反比，高股息率容易伴随着低估值，所以高股息指数的 PE 普遍较低。②高股息指数的成分主要依次为周期、金

融和消费。在红利价值指数、中证红利指数及 CS 高股息指数三种典型高股息指数中，周期板块占比均最大；在红利价值指数和中证红利指数中，金融板块占比次之；CS 高股息指数中没有金融板块，这主要是因为 CS 高股息指数在选股时 ROA 和增长率两项指标占比较大，其评价标准不利于金融板块；除 CS 高股息指数外，消费板块占比总体上小于金融板块；所有板块中，成长板块占比最小。其中中证红利指数是市场投资者认可度最高的指数，接下来我们选择中证红利指数作为高股息指数的代表展开进一步研究。

6.3.2 高股息策略是不是 A 股中长期优胜策略

（1）从中长期的绝对收益、相对跑赢区间以及红利全收益指数三大视角来看，高股息策略相对 Wind 全 A 指数并不显著占优：①从中长期的绝对收益来看，2008 年至 2022 年 3 月中证红利全收益指数仅略微跑赢 Wind 全 A 指数；②从相对跑赢区间来看，红利全收益指数只有不到一半的时间相对 Wind 全 A 指数占优；③如果以数值"1"为标准水位，红利全收益指数，即中证红利全收益指数/Wind 全 A 指数这一指标在标准水位以上的时间极少，大多数时间在标准水位以下，即红利全收益指数在历史上的大部分时间中相对 Wind 全 A 指数没有优势。

（2）从年度来看，2005 年以来高股息率因子大多时候并不显著，即股票收益率与股息率的高低没有显著的正相关性。

2005～2021年总共17年间，仅有2017、2018两个年份的高股息率因子比较显著有效，占比仅为11.8%。

（3）从全球视角来看，中国香港高股息指数表现较好，高股息策略是长期优胜策略，而美国、欧洲的高股息策略总体上未显著跑赢大盘。2000年以来，美国高股息指数除了2000～2002年大幅跑赢标普500外，其余时间整体未能跑赢大盘。美国高股息指数相对市场的趋势性占优主要出现在2000～2003年、2008年中～2009年，这分别对应互联网泡沫破裂和次贷危机，在两次大型危机中美国高股息指数获得了明显超额收益。2007～2008年，中国香港高股息指数短暂跑输恒生指数之后持续跑赢恒生指数。同时，中国香港高股息指数在2008年、2015年、2020年恒生指数快速下跌时都有不错的表现，有一定的防御能力。2009年以来，欧洲的高股息策略大部分时间都未跑赢大盘指数，并非长期占优策略。

6.3.3　打破传统认知1：高股息策略是纯熊市策略吗

在部分投资者的传统认知中，高股息策略是熊市策略。怀有这样认知的投资者基于的是这样的理论基础：①高股息策略往往对应着低估值，在熊市中更低的估值常常具备更好的防御性质；②市场弱势时，资金更青睐具有稳定分红的"类债券"公司，稳定、可观的分红收益可以一定程度对冲熊市下跌的影响。但回顾2005年至2021年中证红利指数相对Wind全A指数的市场表现，我们发现这样的认知是有偏差的。如图 6-5 所示，在高股息策略显著占优的期间，有相当一部分时间市场身处牛市阶段，其中包括了 2006 年牛市、2016～2017 年牛市，以及 2021 年 3～11 月的结构牛市。并且，市场大幅走熊也并非高股息策略占优的充分条件，例如在 2008 年的熊市当中，高股息策略相对 Wind 全 A 指数显著跑输。也就是说，"高股息策略是熊市策略"这一传统认知是错误的。

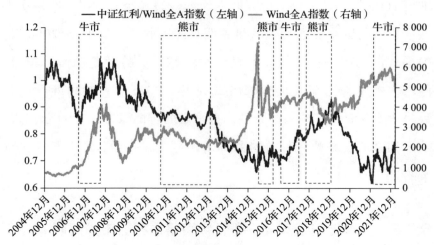

图 6-5　高股息策略并非单纯的熊市策略

资料来源：Wind，广发证券策略团队。

6.3.4　打破传统认知 2：利率上行还是下行时购买

在与投资者交流的过程当中，我们发现从利率视角来看，许多投资者对高股息策略占优时期的认知有着明显的冲突，主要包括：①部分投资者认为利率下行利好高股息策略，因为高股息策略具有"类债券"性质，即股息收益与债券的还本付息收益均为稳定不变的绝对收益，在利率下行期一般经济表现较差，价格处于下降通道，高股息策略中的股息收益相对股价提升，此时高股息的股票有望获得从股息和债券利息等绝对收益方面转移过来的资金（尤其是债券向股票转移）。②另一部分投资者认为利率上行利好高股息策略，因为利率上行时期一般经济表现较好，价格处于上升通道，这对周期股和消费股的基本面和股价来说是利好，由于高股息策略中周期股和消费股占比较高，因此此时高股息策略占优。

既然市场出现分歧，我们就对此进行数据检验，如图6-6所示。从大体趋势来看，高股息策略占优与利率呈正向关系。但少部分时间段内，高股息策略相对走势和利率走势会发生背离，其中最为典型的时间段是2013年、2015年、2018年和2021年。为什么利率上行利好高股息策略的逻辑强于利率下行的逻辑？我们认为，利率下行利好高股息策略的逻辑的缺陷在于忽略了资金跨资产流动的难度。资金的跨资产流动并非充分的，因此当利率下行时虽然高股息策略相对债券性价比提升，但资金性质从"债券"向"股市"转变并非完全灵活，此时流入高股息策略的增量资金难以成为股市的主导资金，不足以推动市场发生显著的风格切换。

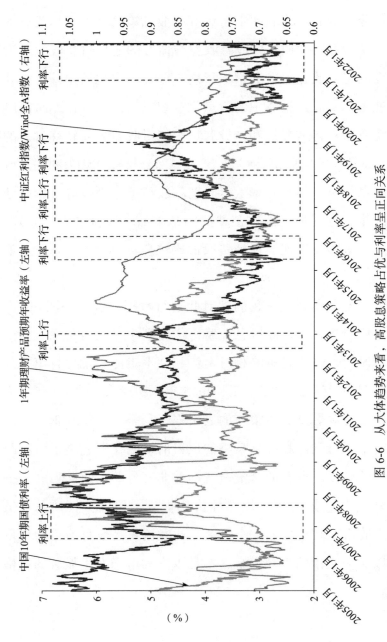

图 6-6 从大体趋势来看，高股息策略占优与利率呈正向关系

资料来源：Wind，广发证券策略团队。

6.3.5　6大高股息策略指引指标

我们研究发现，共有 6 个指标与高股息策略相对收益（中证红利指数 /Wind 全 A 指数）有一定相关性，可作为其指引指标。

（1）具有极高相关性的指标有 2 个，分别为美国 10 年期国债名义利率和实际利率，均与中证红利指数相对收益具有显著的正相关性。其中，2020 年以来，高股息策略相对收益与美国 10 年期国债名义、实际利率走势几乎完全一致，对高股息策略具有极强的解释能力。

（2）具有较强相关性的指标有 2 个，分别为美国联邦基金利率和中国实际 GDP 同比增速，均与中证红利指数相对收益大致上呈正相关。大体上来看，美国加息周期当中，我国的高股息策略往往占优；而在我国经济持续改善的背景下，高股息策略占优的概率较大。

（3）具有弱相关性的指标有 2 个，Wind 全 A 指数的股权风险溢价（ERP）与中证红利指数相对收益呈弱正相关，新发基金规模与中证红利指数相对收益呈弱负相关。从数量关系上来看，Wind 全 A 指数的 ERP 与中证红利指数相对收益呈弱负相关，但从实际走势来看，两者在部分阶段呈正相关，即在部分阶段，市场风险偏好更低时高股息策略表现更好；而新发基金规模与中证红利指数相对收益呈现弱负相关，这证明当市场新增资金较少，投资者普遍使用现存资金进行博弈时，高股息策略表现更好。

6.3.6 主要高股息策略占优时期复盘

如图 6-7 所示，2005 年以来，以中证红利指数/Wind 全 A 指数的持续上行区间为线索，可得高股息策略显著占优总共有 5 个时间段，具体时间段划分及该时间段内高股息策略相对 Wind 全 A 指数的超额收益率分别为：2006 年 10 月～2008 年 5 月（70.8%）、2009 年 7～12 月（6.0%）、2012 年 9 月～2013 年 2 月（14.5%）、2015 年 6 月～2019 年 1 月（19.9%），以及 2021 年 1 月后（17.6%）。接下来，我们将对前 4 个时间段逐一复盘，以寻求其共性。

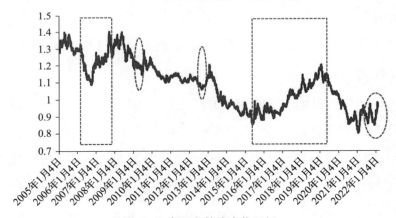

图 6-7　高股息策略占优区间

资料来源：Wind，广发证券策略团队。

（1）时间段一，2006 年 10 月至 2008 年 5 月：①宏观经济方面，2006 年第 4 季度～2007 年中，国内经济高度繁荣，三驾马车全面拉动，消费和投资成为经济增长主要驱动力。2007 年末～2008年中，通胀和自然灾害使经济呈现回落。②流动性方面，中美出现货币政策错位。2007年～2008年初，央行先后11次上调金融机构存款准备金率共6个百分点，而美联储则6次下调利率共3.25个百分点。其间，我国货币政策基调完成了从"稳健"向"从紧"的转变，于2007年7月出现流动性拐点。③股市方面，2006年10月至2008年1月呈牛市，2008年上半年市场大跌。该时期行业涨幅前五为采掘（292%）、钢铁（230%）、建筑材料（212%）、农林牧渔（208%）和非银金融（202%）。

（2）时间段二，2009年7～12月：①宏观经济方面，全球经济呈现经济危机后的复苏态势，国内经济逐渐回温。在投资和消费扩张的引领下，实体经济出现超预期反弹，通胀预期出现，资产价格快速上涨，宏观经济景气度企稳回升，宏观经济整体开始由"政策刺激性反弹阶段"向"市场需求反弹阶段"过渡，工业增加值快速上行。②流动性方面，市场表现出明显的分化趋势。通胀压力下流动性开始收紧，上海银行间同业拆放利率（SHIBOR）从2009年6月底开始快速上扬。非流通股解禁规模于2009年7月和2009年10月两度创下新高，其间解禁公司均以大市值公司为主，大盘股受到的解禁压力大于小盘股。③股市方面，大盘于2009年8月开始转向震荡下跌，持续至2010年6月，而中小板指数保持上涨，小盘风格占优。该时期涨幅前五行业为汽车（52.1%）、家用电器（52.0%）、电子（36.9%）、医药生物（36.4%）和食品饮料（35.6%）。

（3）时间段三，2012年9月至2013年2月：①宏观经济方面，经济企稳，复苏步伐加快，量价由此前的下跌转为企稳回升，国内生产总值（GDP）与采购经理指数（PMI）开始同步上升，基建投资和房地产景气度不断回升。②流动性方面，合格境外投资者（QFII和RQFII）审批节奏加快，审批额度提高，使得境外资金流入A股，市场流动性维持宽松。③股市方面，大小盘行情自2012年末启动，上证综指在2012年末触底反弹后保持迅猛涨势至次年2月，创业板指数自2012年末稳步回升。该时期涨幅前五行业为银行（55.4%）、非银金融（32.8%）、汽车（32.5%）、建筑材料（32.2%）和国防军工（25.1%）。

（4）时间段四，2015年6月至2019年1月。这一时间段的股市主要由两个熊市（2015年6月至2016年2月，2018年1月至2019年1月）和大盘股缓慢牛市（2016年2月至2018年1月）组成，其间高股息策略显著占优，表现优于A股整体。①在熊市中，高股息策略凸显防御属性，能够对抗下跌风险。在2015年的熊市中，经济面价量齐跌，第3季度GDP增速6年来首次破7。工业增加值增速及PMI指数持续下探，A股非金融企业的盈利也在2015年三季报和年报中持续下行。此阶段高股息策略主要集中于蓝筹股，跌幅更小，防御属性凸显。在2018年的熊市中，在中美贸易摩擦和去杠杆背景下，全年风险偏好维持低位。贸易摩擦传导至实体经济，对外出口锐减，对内消费不足，引发2018年企业盈利预期下滑，同时估值持续下跌，导致A股单边下行。此阶段蓝筹股慢牛终结，估值下跌，但跌幅仍略小于中小盘，因此高股息策略较 A 股整体跌幅更低。②在 2016 年大盘股牛市中，高股息策略收益可观，挑战了高股息策略为熊市策略的传统认知。2016 年 2 月起，工业增加值和 PMI 触底后不断抬升，GDP 增速止跌企稳，经济显现了较强的"韧性"。同时，A 股企业已经逐步走出偿债周期，A 股非金融企业盈利增速于 2016 年第 1 季度重回 0% 上方。③随着经济形式的逐步好转，大盘股开始缓步上涨，迎来了接近 2 年的盈利慢牛时期，同期创业板则持续下探，大小盘分化明显。在盈利驱动的大盘股慢牛中，高股息策略超额收益显著。

通过以上复盘，我们不难发现高股息策略显著占优区间存在以下共性：①经济面，除 2008 年的全球经济下行周期外，中美经济普遍处于经济触底回升或持续改善阶段；②政策面，普遍位于稳增长政策发力阶段；③市场面，以采掘、钢铁、汽车为代表的周期股板块占优为主。

6.4　次新股：投资时钟与选股模型

注册制的发展增加了高质量个股供给，2022 年以来全球通胀预期见顶，小盘成长风格表现逐步占优，其中，筹码结构较好的次新股尤其值得关注。本节主要分析了次新股投资的周期规律、业绩规律、收益驱动特征等，并基于基本面、交易性、激励等维度，选取 8 个指标，构建出次新股打分模型，以分析次新股的投资价值，形成选股投资策略。

6.4.1 次新股的三大属性

本书对次新股的定义为自上市首日或开板日起未满一年的公司。次新股存在着区别于其他个股的三大属性，同时这也是次新股在市场中获得超额收益的三大内在驱动力，这三大属性分别是"筹码分散""资本运作预期"以及"产业新兴"。

（1）由于次新股具备筹码分散的特性，有助于吸引增量资金。一方面，中签率低使得筹码较为分散，不存在大幅抛售股票、集中砸盘的风险。另一方面，次新股的机构持股比例通常较低，在没有主力控盘的情况下，博弈更加公平，进而对于投资者吸引力更大。

（2）次新股的资本运作预期有助于提升想象空间。由于次新股的机构持股比例偏低，其潜在的加仓空间大，随着上市后资本运作的提速，外延式并购与股权激励的想象空间提升。自2010年以来，每年股权激励的个股中次新股均占到一定的比重，其中，2020年以及2021年股权激励中次新股的比重均超过了15%。

（3）产业新兴能够代表较强的成长潜力。次新股通常聚集在新兴产业或者国家计划扶持的行业，代表着当下甚至未来最热门的市场投资机会，具有较高的成长潜力，容易受到市场追捧。2010年以来，新股发行主要集中在电子、化工、机械设备和医药生物行业，2019年以来电子、机械设备和医药生物行业增长迅速，具备较好的成长空间。

6.4.2 次新股的投资时钟

1. 月周期角度投资规律

次新股的投资情况存在一定的规律，从月周期角度来看，在 2 月和 5 月次新股获得超额收益的可能性更大。在 2 月，节日期间流动性投放力度加大，且在经济数据真空期下风险偏好阶段性抬升。在 5 月，年报业绩披露，带来"高送转"的预期。叠加次新股流通市值较小等特质，次新股在 2 月和 5 月跑赢 Wind 全 A 指数的概率较高。根据历史数据测算，2 月和 5 月跑赢大盘的可能性超过 80%。

2. 较长周期角度投资规律

从较长周期角度来看，次新股行情与股市走势、次新股估值、次新股表现、IPO 集中度、抱团程度、流动性环境以及风险偏好等均有相关性。

（1）股市下行或者大幅震荡时，次新股更易获得超额收益。当市场震荡或下行时，股票估值回落，次新股由于不存在历史套牢盘，不容易在高点被打压，同时没有解禁压力，次新股具备一定的"高送转"预期，获得显著的超额收益。历史数据证实，次新股获得超额收益时，股市大多处于下行或者震荡区间。

（2）次新股估值处于相对低位时更易跑赢成长股。从历史数据来看，次新股跑赢成长股的区间，次新股相对创业板指数 PE 大多处于历史均值附近或者以下。

（3）当新股审核放缓甚至暂停时，次新股的稀缺性将拉升其行情表现，IPO 开闸时次新股更易跑赢市场或处于高位。沪深两市交易所发展至今，经历了多次 IPO 暂停，每次再启动 IPO 后，新股上市通道拥挤往往造成次新股的稀缺性和新股质量的提升，引发二级市场追捧。近三次 A 股 IPO 暂停（2008 年 9 月～2009 年 7 月、2012 年 11 月～2013 年 12 月和 2015 年 1～11 月）重启后，次新股相对 Wind 全 A 指数收益率均处于上升趋势或者历史高位。

（4）在"抱团股"瓦解时次新股更易取得超额收益。当资金撤离"抱团股"时，估值处于低位且筹码分散的绩优次新股将获得增量资金。如以前 5% 的个股成交集中度来衡量资金抱团情况，则次新股近 3 次获得超额收益区间均处于抱团股瓦解的时间。

（5）流动性较宽松的环境有利于次新股获得超额收益。较宽松的流动性环境有利于次新股上市后再融资扩张，助推次新股股价上涨。根据历史数据，M2 同比变动与次新股表现趋势相近，呈正向变动的关系。

（6）当市场风险偏好回升时，次新股更易录得超额收益。在风险偏好回升的情况下，次新股由于高弹性更易吸引资金，助推股价上涨。根据历史数据，股权风险溢价与次新股指数呈现出明显的反向关系，次新股获得超额收益区间，股权风险溢价大多呈下降态势。

3. 短周期角度投资规律

从短周期择时角度来看，上市后 90～120 天是一个较好的买入时点。股票上市或开板后一段时间内容易进入震荡回调阶段，在上市 90～120 天后整体次新股相对沪深 300 的超额收益率通常由负转正，同时胜率提升至高点。无论上市当天是否开板，次新股上市后 90～120 天均具有较高的超额收益率以及胜率，是一个好的买入时点。无论在注册制还是核准制下，均大致符合上述结论。

6.4.3　次新股的业绩规律

除周期规律外，次新股同样存在着一定的业绩规律。以 2010 年以后上市的公司为样本，通过考虑净资产收益率（ROE）和归母净利润 2 个指标，可以研究次新股的业绩规律。

1. 通过净资产收益率分析业绩规律

ROE 能够代表业绩稳定性，体现次新股的业绩规律。根据历史数据，次新股 ROE 往往高于全部 A 股，2013 年以后次新股相对于全部 A 股的超额 ROE 均为正值。此外，次新股的业绩稳定性逐渐增强，自 2017 年以来次新股业绩波动性有所降低。从上市时间角度来看，新股第 1 年的超额 ROE 较高（均值为 2.5%），高于上市第 2 年和上市第 3 年的超额 ROE（均值分别为 0.44% 和 0.49%）。

2. 通过归母净利润分析业绩规律

归母净利润增速能够代表次新股的成长性规律。2017 年以后，新上市企业的成长性更好。历史数据显示，2017 年、2018 年、2019 年上市的企业在 1~2 年内相对业绩增速均为正，且高于历史均值。2018 年和 2019 年，次新股业绩增速的波动率明显高于 2016 年和 2017 年，其中，2018 年上市企业在上市 1~2 年内归母净利润增速波动率为 402.15%。在当下的时点更需要精选个股，避免波动率过大造成的负面影响。上市 3 年后次新股的业绩增速开始出现明显分化，上市 3~4 年后业绩增速波动率大于上市 1~2 年。

6.4.4　次新股核心选股因子特征

随着注册制的发展，次新股分化存在部分时代因素，影响着个股表现，开启次新股的新行情。伴随着注册制的推进，IPO 常态化加速了次新股的供给，叠加次新股板块对于新股的定价效率更高，次新股的市场分化程度加大，在这种情况下，应更加注重个股的选择，关注影响次新股表现的核心因子。

在考虑影响次新股表现的因素时，可以从基本面、交易性、激励等维度，筛选出优质次新股的因子特征，筛选结果如下：

特征一：业绩成长性好，对应的收益率高。根据历史数据分析，个股上市的前两年营收的复合年均增长率越高，个股相对沪深 300 的超额收益率和胜率也越高，即上市前两年营收的复合年均增长率与次新股收益率呈正相关。此外，上市前两年净利润的复合年均增长率越高，各个时点对应的相对大盘的超额收益率和胜率也越高，即上市前两年净利润的复合年均增长率与次新股收益率呈正相关。

特征二：发行时个股市盈率相对于行业市盈率低，则其表现大概率占优。历史数据显示，与行业市盈率相比市盈率更低的个股具有较高的性价比，其相对于沪深 300 的超额收益率和胜率也相对来说高于市盈率高的个股。

特征三：流通市值较小的小盘股表现更优。由于小盘股更易进行操作，因此流通市值小的个股，尤其是小于 8 亿元的个股在次新股板块通常表现更优。根据历史数据，流通市值小于 8 亿元的个股获得了显著的超额收益率，同时也具备更大的胜率。相比之下市值更大的个股并不具备明显的超额收益率与胜率。

特征四：机构持仓比例高，收益率往往表现更优。机构持仓比例与次新股收益率呈正相关，机构持仓比例较高的个股平均收益率远高于其他个股。历史数据显示，当上市第一个报告期内机构持仓比例高于 40% 时，持有 30 天的超额收益率达到 15.58%，远高于机构持仓比例较低的个股。

特征五：上市后 20 日内，换手率越高则收益率越高。历史数据显示，上市 20 日内换手率与次新股收益率呈正相关。当上市 20 日内换手率超过 600% 时，持有 30 天的超额收益率达到 8.64%，胜率达到 57.78%。二者都远超过换手率低于 600% 的次新股。

特征六：股权激励可以提高业绩预期。较高的股权激励能够激发核心员工的积极性，助推个股业绩增长，提升盈利预期。由于次新股上市时间较短，且体量普遍较小，其通过股权激励来提升经营效率、做大市值的动机更强。因此，在次新股板块布局股权激励类标的有望获得较为可观的超额投资收益。

特征七：前期回撤大的次新股更易获得超额收益。由于较最高点有较大回撤的个股当前价格处于历史低位，短期内将存在较大上涨空间，更易获得超额收益。

6.4.5　次新股打分模型及选股

基于上文中所分析的次新股的投资规律与业绩规律，以及驱动次新股获得超额收益的主要因素，可以构建次新股打分模型，辅助分析次新股的投资价值，形成选股及投资策略。次新股打分模型主要从基本面、交易性和激励三个维度出发，选取 8 个指标，构建总分为 70 分的打分模型。

（1）次新股选股打分模型中，第一个维度为基本面，其中包括偏离行业市盈率（次新股发行市盈率减去披露行业市盈率）、营收增速（上市前两年复合年均增长率）和净利润增速（上市前两年净利润复合年均增长率）三个指标，各占 10 分，基本面维度共占 30 分。

（2）第二个维度为交易性，其中包括流通市值（上市当天流通市值）、换手率（上市后 20 日内换手率）和机构持仓比例（上市后第一个报告期内的机构持仓比例）三个指标，各占 10 分，交易性维度共占 30 分。

（3）第三个维度为激励，其中包括股权激励（是否有股权激励：有预案或者实施中）以及回撤率（最新价距离最高点回撤幅度）两个指标，各占 5 分，激励维度共占 10 分。

具体指标计分方法如表 6-1 所示，根据次新股打分模型打分即可依据打分结果分析次新股的投资价值从而进行选股。

表 6-1 次新股打分模型（总计 70 分）

维度		分值	计分方法
基本面（30 分）	偏离行业 PE	10	发行 PE- 披露行业 PE：≤ -40，10 分；(-40, -30]，8 分；(-30, -20]，6 分；(-20, 0]，4 分；其他，2 分
	营收增速	10	上市前两年营收 CAGR：≥ 0.7，10 分；[0.5, 0.7)，8 分；[0.3-0.5)，6 分；[0, 0.3)，4 分；<0，2 分
	净利润增速	10	上市前两年净利润 CAGR：≥ 0.7，10 分；[0.3, 0.7)，8 分；[0.1, 0.3)，6 分；[0, 0.1)，4 分；<0，2 分
交易性（30 分）	流通市值	10	上市当天流通市值：<8 亿元，10 分；[8 亿元, 15 亿元)，8 分；[15 亿元, 20 亿元)，6 分；[20 亿元, 30 亿元)，4 分；≥ 30 亿元，2 分
	换手率	10	上市后 20 日内换手率：≥ 600%，10 分；[500%, 600%)，8 分；[400%, 500%)，6 分；[300%, 400%)，4 分；<300%，2 分
	机构持仓比例	10	上市后第一个报告期内的机构持仓比例：≥ 40%，10 分；[30%, 40%)，8 分；[10%, 30%)，6 分；[5%, 10%)，4 分；其他，2 分

(续)

维度		分值	计分方法
激励 （10分）	股权 激励	5	是否有股权激励（有预案或者实施中）：有，5分；无，0分
	回撤率	5	最新价距离最高点回撤幅度：≤ -50%，5分；(-50%, -40%]，4分；(-40%, -30%]，3分；(-30%, -20%]，2分；>-20%，0分

资料来源：Wind，广发证券策略团队。

小结

本章作为全书最后一章，在前面5章做好大势研判和行业比较的基础上，将视角进一步下沉，聚焦于个股选择逻辑，即从策略视角精选具备投资价值的个股，介绍了4个较为典型的股票投资组合策略供读者参考：①AH股折溢价策略；②北向资金指引；③高股息策略；④次新股选股模型。